Die Logik der Sorge
Verlust der Aufklärung durch Technik und Medien

Bernard Stiegler

Aus dem Französischen
von Susanne Baghestani

W0039968

Suhrkamp

Die *edition unseld* wird unterstützt durch eine Partnerschaft
mit dem Nachrichtenportal *Spiegel Online*. www.spiegel.de

Die Originalausgabe erscheint unter dem Titel:
Prendre Soin. De la jeunesse et des générations
im Verlag Flammarion, Paris 2008.
© 2008 by Bernard Stiegler
Die deutsche Ausgabe enthält die Kapitel 1-6
der französischen Ausgabe.

edition unseld 6
Erste Auflage 2008
© Suhrkamp Verlag Frankfurt am Main 2008
Originalausgabe
Satz: Libro, Kriftel
Druck: CPI – Ebner & Spiegel, Ulm
Umschlaggestaltung: Nina Vöge und Alexander Stublić
Printed in Germany
ISBN: 978-3-518-26006-7

2 3 4 5 6 – 13 12 11 10 09 08

Die Logik der Sorge

Für meine Eltern
in liebevoller Dankbarkeit

Inhalt

Sapere aude! [Wage zu wissen!] Habe Mut, dich deines eigenen Verstandes zu bedienen! ist also der Wahlspruch der Aufklärung.
Immanuel Kant

Im erfindenden Geiste
Nimmer verhoffter Dinge Meister,
Geht er die Bahn, so des Guten
Wie des Bösen ...
Sophokles

Heute ... wage ich erneut den Versuch, durch eine philosophische Analyse des als Widerstand gegen Trägheit und Indifferenz gefaßten Lebens die Grundbedeutung des Normalen zu fundieren. Das Leben sucht die Oberhand über den Tod zu gewinnen, wobei ›gewinnen‹ in jedem Sinne zu verstehen ist, zumal als Gewinn aus einem Spiel. Das Leben spielt gegen die wachsende Entropie.
Georges Canguilhem

Die Tatsache, daß ich noch lebe und daß ich unversehrt zurückgekehrt bin, ist meiner Ansicht nach lediglich einem Zufall zu verdanken. Vorbedingungen wie meine Gewöhnung an das Leben im Gebirge und mein Chemikerberuf, der mir in den letzten Monaten meiner Gefangenschaft einige Privilegien einbrachte, waren nur von geringer Bedeutung. Vielleicht haben mich auch mein nie verhehltes Interesse an der menschlichen Seele und der Wille unterstützt, nicht nur zu überleben (das war das Ziel vieler von uns), sondern mit dem klaren Ziel zu überleben, von den Ereignissen zu berichten, die wir mitgetragen und erlitten haben. Vielleicht war letztendlich auch der entschiedene Wille, den ich sogar in den dunkelsten Stunden beibehalten habe, ausschlaggebend, meine Kameraden und mich als Menschen und nicht als Dinge zu betrachten, um die vollständige Erniedrigung und Demoralisierung zu vermeiden, die bei so vielen zum geistigen Untergang führte.
Primo Lévi

1 Die Zerstörung des jugendlichen psychischen Apparats

1 Was den Kindern zusteht

In Zukunft werden minderjährige Straftäter in Frankreich bei bestimmten Delikten und bei einem Rückfall nicht mehr entsprechend ihrer Minderjährigkeit abgeurteilt: Das Gesetz wird auf sie in gleicher Weise angewandt wie auf ihre volljährigen Eltern. Diese gewichtige Veränderung wird damit begründet, daß die juristische Bestimmung, die das *Alter der Schuldfähigkeit* definiert und damit zugleich die repressive Reichweite des Gesetzes gegenüber den (noch nicht wahlberechtigten) Minderjährigen begrenzt hatte, ein Gefühl der Straflosigkeit erwekke. Auf diese Weise werde das straffällige Kind gewissermaßen zur verstärkten Wiederholung seines schuldhaften Verhaltens angetrieben.

Das Problematische an dieser Gesetzesänderung ist, daß es in Zukunft kein eindeutig anerkanntes Alter der Verantwortlichkeit mehr geben wird. Genauer gesagt, führt diese Änderung zu einer *Aufweichung* von Verantwortlichkeit:

1. wird Verantwortlichkeit als solche durch das Statut der Volljährigkeit allererst gesellschaftlich etabliert und begründet.

2. geht diese Verantwortlichkeit allen anderen statuierten Verantwortlichkeiten des volljährigen Subjekts voraus, denn in ihr geht es um die Verantwortung für Kinder und Jugendliche, die ein Alter »vielfältiger Anfälligkeiten« durchlaufen, wie Françoise Dolto[1] sagt – also um die Verantwortung, *für diejenigen Sorge zu tragen, die minderjährig sind.*

Mit der Minderjährigkeit straffälliger Kinder stellt man auch die Volljährigkeit ihrer erwachsenen Eltern in Frage. Man entbindet diese letzten Endes von der Verantwortung, die ihnen ihre Mündigkeit auferlegt. Man entläßt die mündige Gesellschaft aus ihrer Verantwortung und überträgt sie auf die Unmündigen. Wenn der Unterschied zwischen Minderjährigkeit und Volljährigkeit abgeschwächt wird, so verschleiert diese veränderte Rechtsauffassung, die Unmündigkeit und Mündigkeit *zugleich* neu definiert, tendenziell die Tatsache, daß Verantwortung eine sozial *erworbene* Kompetenz ist und daß es Aufgabe der Gesellschaft ist, diese den Kindern und Heranwachsenden zu vermitteln. Letztere werden als Minderjährige bezeichnet, weil die mündige Gesellschaft ihnen generell eine *Verpflichtung* schuldet, vor allem und hauptsächlich in bezug auf ihre *Erziehung*: Erziehung ist genau der Begriff für diese Vermittlung sozialer Kompetenz, die zur Verantwortlichkeit erzieht, das heißt zur Mündigkeit.

Indem die Pflicht zur Vermittlung dessen, was Volljährigkeit konstituiert, verschleiert wird, verunklärt die Gesetzesänderung das Gefühl für diese Verpflichtung im Bewußtsein der volljährigen Erwachsenen ebenso wie in dem der Kinder und unmündigen Heranwachsenden. Darin zeigt sich das Scheitern einer Gesellschaft, die *strukturell* unfähig geworden ist, Kinder zu erziehen, und zwar mangels der Fähigkeit, noch zwischen Minderjährigkeit und Volljährigkeit zu unterscheiden. Denn dieser Unterschied zwischen Unmündigkeit und Mündigkeit wird nicht allein durch dieses Gesetz ausgelöscht. Ich bin der Auffassung, daß diese *Unterschiedslosigkeit zwischen Minderjährigen und Volljährigen* die Grundlage unserer Konsumgesellschaft bildet, die die minderjährigen wie die volljährigen Konsumenten in ein *strukturelles Gefühl der Unverantwortlichkeit versetzt*.

Aber sind diese rechtlichen oder rechtsphilosophischen Argumente nicht zu formal und theoretisch? Muß man nicht realistisch denken in Bezug auf die Effektivität, das heißt im Hinblick auf die Sicherheit, die mit gutem Recht von der Gesellschaft gefordert wird und bedauerlicherweise tatsächlich unter einer wachsenden Rücksichtslosigkeit der Jugendlichen leidet? Doch die verschärfte Verfolgung jugendlicher Straftäter ist keineswegs »realistisch«, erst kürzlich hat Jacques Hintzy darauf hingewiesen, daß »Länder, die wie die Vereinigten Staaten seit langem schärfere Strafen über Minderjährige verhängt haben, im Begriff sind, eine äußerst negative Bilanz dieser Maßnahmen zu ziehen«.[2]

In der Realität führt die *Leugnung* der Unmündigkeit Minderjähriger und der Verantwortung Volljähriger lediglich zu einer zunehmenden Spaltung zwischen dem, was von der mündigen, das heißt verantwortlichen Gesellschaft übrigbleibt, und den unmündigen Kindern und Jugendlichen. Dadurch werden diese immer häufiger *zusammen mit ihren Eltern* in eine unaufhörliche Unverantwortlichkeit und Verantwortungslosigkeit eingeschlossen. Dieser Befund läßt sich nicht anders beschreiben als eine lebenslange Versetzung in die Kriminalität.

Der Autoritarismus, für den die Änderung des besagten Gesetzes ein symbolisch wie juristisch außerordentlich bedeutungsvolles Symptom darstellt, ist stets das Anzeichen einer großen *Schwäche der Rechtssprechung*, insbesondere insofern, als diese auf einer *symbolischen Ordnung* beruht – der Ordnung, die Antigone in ihrer tragischen Sprache als »göttliches Recht« bezeichnet. Aus diesem Grund führen sämtliche autoritären Maßnahmen auf kürzere oder längere Sicht stets zu einer *Verschärfung* der Situation, zu deren »Behandlung« sie vorgesehen sind.

Behandeln kann man einen Befall mit Mehltau oder eine Pestepidemie, ein Gesetz jedoch kann niemals durch eine Behandlung verbessert werden: Es setzt eine Sorge voraus, und zwar deshalb, weil nicht der Repressionsapparat, der es begleitet und der lediglich ein Notbehelf ist, seine Befolgung garantiert, sondern das *Gefühl*, das es hervorruft, je mehr es verinnerlicht ist. Nur die Sorge ist imstande, dieses Gefühl zu erzeugen, wie auch die sich darin entwickelnde Vertrautheit (die aristotelische *philia*), die sich – zumindest in einem Rechtsstaat – auf eine *gemeinsam getragene* Verantwortlichkeit gründet.

Die tatsächliche Frage lautet, was *steht* den Minderjährigen, das heißt den Kindern und Heranwachsenden, *zu*. Im Juni 2007, als dieses Gesetz diskutiert wurde, lieferte eine Werbekampagne auf diese Frage eine sehr klare und überaus symptomatische Teilantwort: Die Kinder verdienen »mieux que ça« – »Besseres als das«. Dieses ça – mit dem auch das Freudsche *Es* übersetzt wird – bezeichnete die Eltern und Großeltern; das *Bessere*, das die Minderjährigen verdienten, war dieser Kampagne zufolge hingegen *Canal J* – ein Fernsehkanal, der sich auf die Eroberung dieser sehr wichtigen Zielgruppe (das heißt auf die verfügbare Zeit in den Hirnen[3]) spezialisiert hat.

Diese »Zielgruppe« spielt eine wichtige Rolle im System der Publikumsfindung und dessen Segmentierung. Dieses »Segment« der minderjährigen Zuschauer ist für das Konsumentenverhalten der vorgeblich erwachsenen Zuschauer zielführend geworden, und zwar durch eine Inversion der Generationenfolge, die das augenscheinlichste Zeichen für die tatsächliche *Zerstörung der Erziehung* ist, zu der das Telemarketing der Konsumgesellschaft geführt hat. Diese gelten als erwachsen, werden in Wahrheit aber infantilisiert, das heißt zunehmend weniger verantwortlich für das Verhalten ihrer Kinder und ihr eigenes Verhalten werden: Solche Erwachsenen sind strukturell *Min-*

derjährige geworden – woraus folgt, daß es die strafmündige wie auch demokratische Mehrheit als solche ist, die verschwunden zu sein scheint.

2 Was es mit dem »ça«, dem »Es«, auf sich hat

Ein volljähriges menschliches Wesen ist ein menschliches Wesen, das *in der Gesellschaft* als erwachsen gilt und insofern als verantwortlich. Die Verantwortlichkeit ist das definitorische Kennzeichen des erwachsenen Subjekts. Ein Erwachsener ohne Verantwortlichkeit im strikten Sinne verliert seine Rechte wie auch seine Pflichten als Erwachsener. Er kann unter Vormundschaft gestellt werden – wie Menschen, die nicht mehr über ihre geistigen Fähigkeiten verfügen. Die Verantwortlichkeit ist ein Charakteristikum des Geistes, *der menschlichen Intelligenz, die psychisch und sozial zugleich ist.* Ich werde auf diese *doppelte Dimension* der Intelligenz im Zusammenhang mit der Regierungserklärung von François Fillon zurückkommen, in der der jetzige französische Premierminister sein vorrangiges Anliegen als »Schlacht für die Intelligenz« bezeichnete.

Die Verantwortlichkeit ist, wie gesagt, eine psychische wie auch soziale Eigenschaft des Erwachsenen, und man weiß seit Freud, daß die *Entwicklung* dieser Verantwortlichkeit in der frühesten Kindheit über eine Identifikationsbeziehung mit den erziehenden Eltern verläuft. Freud bezeichnet dies als primäre Identifikation und führt aus,

1. Die Primäridentifikation vollzieht sich in den ersten fünf Lebensjahren und ist praktisch unauslöschlich.
2. Sie ist die Voraussetzung für den Zugang zum Über-Ich, dessen Verinnerlichung die erwachsene Erziehungsperson

dem Kind vermitteln muß und dessen herkömmlicher Name das Gesetz ist: In seiner Identifikation mit der Erziehungsperson identifiziert sich das Kind mit etwas, womit dieser Erwachsene sich seinerseits als Kind seiner Eltern identifiziert hat, und diese wiederum mit ihren Eltern, und das über Generationen hinweg – so daß der Identifikationsprozeß etwas ist, was die Generationen zugleich unterscheidet und verbindet.

Genau diesem Prozeß gibt die Kulturindustrie eine neue Richtung,[4] *indem sie die Aufmerksamkeit* der jungen Bewußtseine *umlenkt und vereinnahmt,* um damit Zeit in den »verfügbaren«, das heißt für Konsumanweisungen empfänglichen »Hirnen«, zu gewinnen, die jedoch zunehmend von Aufmerksamkeitsproblemen geplagt werden.[5]

Mit seiner skandalösen Werbekampagne bekennt sich der Fernsehsender *Canal J* ohne den geringsten Skrupel dazu. Auf zwei Plakaten zeigt er jeweils einen Vater und einen Großvater neben einem Kind, also neben einem Minderjährigen, den sie zur Volljährigkeit zu führen verpflichtet sind. Auf diese Weise gibt der Fernsehsender für Minderjährige Vater und Großvater *der Lächerlichkeit preis* – das heißt, er spricht ihnen jegliche Verantwortlichkeit ab.

Es ist gewiß kein Zufall, daß hier weder Mutter noch Großmutter dargestellt sind, handelt es sich doch darum, sämtliche Klischees gegen die elterliche Autorität zu mobilisieren, und unter diesen Klischees repräsentiert der Vater die Repression. Ein Blog unterstrich ganz richtig, wie dieses Klischee um der Lächerlichkeit willen aufgeboten wird – Vater und Großvater werden infantilisiert durch diese »Umwertung der Werte, [die] eine geläufige Praxis der Werbung [ist, und] es erlaubt, die Orientierungspunkte zu verwirren, die Hierarchien zu sprengen sowie Kultur und Erziehung zu zerstören«.[6] Die *Moral* ist auf diesen beiden Plakaten im Klartext abgedruckt und lautet: »unsere Kinder verdienen Besseres als das« – »mieux que ça«.

Nun bezeichnet dieses »ça«, dieses »Es« bei Freud (seit seiner ›zweiten Topik‹ von 1923), auch ein psychisches System, welches das *Es zusammen mit dem Ich* bildet, in dem sich das Bewußte, das Vorbewußte[7] und das Unbewußte[8] zusammenfügen. Das Es fällt also nicht vollständig mit dem zusammen, was Freud bisher als das Unbewußte bezeichnet hatte. Wenn das Unbewußte nämlich aus Vorstellungen besteht, die das Ich verdrängt hat, so ist dieses Ich, das sich als solches dem Unbewußten widersetzt und demzufolge eher beim Bewußtsein anzusiedeln ist, seiner selbst dennoch nicht vollständig bewußt. Denn das Ich weiß nicht um die Kräfte, die ihm selbst entspringen und es zwingen, das zu verdrängen, was ihm aus dem Unbewußten zufließt. Mit anderen Worten, das Ich fällt mit dem Bewußtsein ebensowenig zusammen wie das Es mit dem Unbewußten. Das Es, welches das Unbewußte umfaßt, *setzt sich* im Ich *fort* als System der Verdrängung, das sich seiner selbst nicht bewußt ist. Insofern vereinigt das Es das Unbewußte mit dem Über-Ich.

Zwischen dem Ich und dem Es existiert eine organische und funktionelle Verbindung nicht nur, weil das Es Verdrängungskräfte umfaßt, die vom Ich stammen, sondern auch, weil das Es dazu bestimmt ist, durch Vermittlung des Ich *etwas über die Welt zu lernen*. Das Ich als Sitz des Bewußtseins – und damit auch der Aufmerksamkeit – sammelt laut Husserl (primäre) Retentionen, die ihm im bewußten Zustand *zufließen*.[9] Nun werden diese primären Erinnerungen, die essentiell Wahrnehmungen sind, anschließend zu sekundären Retentionen, das heißt Erinnerungen, die selbst entweder vorbewußt, das heißt latent,[10] sind oder verdrängt (unbewußt) werden können.

Als verdrängte Vorstellungen bilden diese psychischen Inhalte das Material für die Triebe, deren Sitz das Unbewußte (und damit das Es) ist. Sie machen dieses zur Bühne für das Lustprinzip, das versucht, im Unbewußten sämtliche Triebe unmittelbar zu befriedigen, *ohne das Realitätsprinzip zu durchlaufen*, das die soziale Vermittlungsstelle ist und insofern der Mittler und gewissermaßen das *Medium* (und der Geist) der Lust.

Das befriedigte, das heißt das durch das Realitätsprinzip nicht abgewandelte Lustprinzip verschafft Genuß. Dieser erlischt jedoch durch die bloße Tatsache, erreicht worden zu sein, weshalb man ihn auch als »kleinen Tod« bezeichnet hat: Der Genuß hat eine Struktur der Wegwerfbarkeit, im Unterschied zum Wunsch und zu der Lust, die ihn nur insoweit verschaffen, als sie ihn von sich abheben und, sobald er erlangt ist, als ihre *différance*[11] wieder aufleben lassen, indem sie für ihr Objekt als Gegenstand des Wunsches Sorge tragen. Dies setzt jedoch in den Worten von Jacques Derrida eine »Supplementarität« voraus. Wie wir sehen werden, bestimmt diese Supplementarität, die auch ein *Pharmakon*[12] ist – Heilmittel, Gift und Sündenbock zugleich –, fortan die Bedingungen eines jeden Systems der Sorge.

3 Die Sedimentierung des symbolischen intergenerationellen Milieus als Voraussetzung für die Formierung von Aufmerksamkeit

Nun enthält das Unbewußte und demzufolge das Es, in dem es angesiedelt ist, ererbte psychische Vorstellungen, die vom Bewußtsein zunächst nicht als (primäre) Retentionen *erlebt* und anschließend verdrängt, sondern durch das *symbolische Milieu* vermittelt worden sind – zum Beispiel durch die Sprache und symbolische Gegenstände wie Objekte, Bilder und sämtliche Arten von Gedächtnisstützen, aus denen sich die Dingumwelt des Menschen insgesamt aufbaut. Sie erscheinen nur in einer Welt, die es ohne sie nicht gäbe. Bei ihnen handelt es sich um tertiäre Retentionen (Supplemente), das heißt um soziale und materialisierte – sozial materialisierte und materiell sozialisierte – Erinnerungen (inklusive solch ephemerer Zustände wie die Luftschwingungen, in denen sich Worte materialisieren).

Tertiäre Retentionen sind Sedimentierungen, die sich über die Generationen hinweg in einem kollektiven Individuationsprozeß angesammelt haben und in den Individuationsprozessen der psychischen Apparate bewußt und unbewußt verinnerlicht worden sind. Freud hat in *Der Mann Moses und die monotheistische Religion* von 1937 versucht, eine Theorie für die *intergenerative Vermittlung* von ererbten psychischen Inhalten zu erarbeiten.[13] Dabei verfolgte er das Konzept einer »Traumsprache der Mythen«[14], durch die der Ödipuskomplex zum Erbe der Menschheit werden konnte. Ich bin jedoch der Ansicht, daß er damit gescheitert ist.[15]

Bereits in seinen *Vorlesungen zur Einführung in die Psychoanalyse* (1916) antwortet Freud auf die Frage, wie man die Bedeutung von Traumsymbolen erkennen kann:

> Wir haben ja erfahren, derselben Symbolik bedienen sich Mythen und Märchen, das Volk in seinen Sprüchen und Liedern, der gemeine Sprachgebrauch und die dichterische Phantasie.[16]

Aus diesem Grund hat Jean-Bertrand Pontalis recht mit der Behauptung:

> [S]ucht man nun das von ihm [Freud] effektiv Entdeckte zu präzisieren, so wird das Unbewußte unweigerlich einer

»*überindividuellen* Realität« zugeordnet werden. [...] [Seiner Ansicht nach ist] das Unbewußte keinesfalls auf eine beliebige Ansammlung von Imaginärem [zu reduzieren] [Kursivierung von B.S.].[17]

Nun fragt sich Freud, wie diese »Traumsprache der Mythen« übermittelt und wo sie aufbewahrt wird. Es ist die Frage nach einer merkwürdigen Phylogenese, zu der Freud sehr spät und abschließend in *Der Mann Moses und die monotheistische Religion* schreibt, daß wir, selbst wenn die Biologie

> von der Vererbung erworbener Eigenschaften auf die Nachkommen nichts wissen will [,] [...] diesen Faktor in der biologischen Entwicklung nicht entbehren können. [...] Wenn wir den Fortbestand solcher Erinnerungsspuren in der archaischen Erbschaft annehmen, haben wir die Kluft zwischen Individualpsychologie und Massenpsychologie überbrückt, können die Völker behandeln wie den einzelnen Neurotiker. [...] Es ist eine unvermeidliche Kühnheit.[18]

Wenn Freud sich damit zum Neo-Lamarckismus verdammt, so deshalb, weil er weder die tertiären Retentionen, die Stützen der Epiphylogenese,[19] noch die Technik im allgemeinen berücksichtigt. Das ist hier insoweit bedeutsam, als die epiphylogenetische Struktur der menschlichen Erinnerung einen psychischen und kollektiven Individuationsprozeß einleitet, der sich im Rahmen einer allgemeinen *Organologie*[20] beschreiben läßt. Aus dieser Perspektive erscheint der psychische Apparat als etwas, das unablässig durch technische und technologische Apparate – und damit auch durch soziale Apparate – rekonfiguriert wird.[21]

Man kann diesen Prozeß der Verinnerlichung ererbter psychischer Inhalte namens *Erziehung* nur dann angemessen erfassen, wenn man sich das Werden des psychischen Apparats organologisch denkt (als ein Gehirn, das zusammen mit den anderen lebenden Organen einen Körper bildet). Es steht dabei im Zusammenhang mit dem Werden sozialer Apparate (als sozialer Organisationen) sowie technischer und technologischer Apparate, die (als künstliche Organe) die tertiären Retentionen konstituieren.

Allerdings setzt diese Vermittlung als Verinnerlichung des Vermächtnisses früherer Generationen selbst einen intergenerationellen Zusammenhang in der Familie voraus, der sich als Erziehung nur in der Beziehung vollzieht, die das Kind, insofern es noch keinen Zugang zum Realitätsprinzip hat, mit seinen lebenden Vorfahren unterhält. Die noch lebende Elterngeneration vermittelt ihm auf diese Weise die durch Generationen angehäufte Erfahrung, die es mit seinen verstorbenen Vorfahren in Verbindung setzt. Dieser Vermittlungsprozeß entspricht der *Formgebung* des Realitätsprinzips in Gestalt verschiedener *Wissensformen* (Lebensweisheit, praktisches Wissen, theoretisches Wissen), die sowohl *Gegenstände* als auch *Milieus* des Lustprinzips konstituieren – als Gegenstände und Milieus der Sublimierung.

Verantwortung besteht also zunächst darin, dieses Realitätsprinzip als die Ansammlung zu vermitteln, die durch die intergenerative Erfahrung formalisiert und kodiert worden ist. Als Verinnerlichung dieser symbolischen Vorstellungen, die von den Vorfahren überliefert und durch die Eltern vermittelt worden sind, entspricht die intergenerative Beziehung der Formierung der *Aufmerksamkeit*, die selbst eine Verknüpfung von Retentionen darstellt. Und sie bringt Protentionen, Erwartungen, hervor, ohne die man nicht aufmerksam sein könnte.

4 Was das »Es« zum Lachen bringt. Konstruktion und Destruktion des psychischen Apparats

Durch dieses Zusammenwirken unterschiedlicher Typen von bewußten, vorbewußten oder unbewußten Retentionen, die vom Bewußtsein erlebt oder aber ererbt worden sind, ohne je durchlebt worden zu sein, formen das Ich und das Es den psychischen Apparat als ein System. Dabei ist

> das Ich [...] der durch den direkten Einfluß der Außenwelt unter Vermittlung von *W-Bw* [des Vorbewußten-Bewußten] veränderte Teil des Es, gewissermaßen eine Fortsetzung der Oberflächendifferenzierung. Es bemüht sich auch, den Einfluß der Außenwelt auf das Es und seine Absichten zur Geltung zu bringen, ist bestrebt, das Realitätsprinzip an die Stelle des Lustprinzips zu setzen, welches im Es uneingeschränkt regiert.[22]

Wenn Vater oder Großvater »den Clown spielen«, um ihre Kinder oder Enkelkinder zum Lachen zu bringen, so wenden sie sich über den Umweg von »Schwänken und Schnurren«[23] an deren Unbewußtes, das heißt auch vermittels des Es, das das Unbewußte mit dem Ich *verbindet*.

Zugleich wenden sie sich an ihr Begehren, welches nicht mit dem Lustprinzip zusammenfällt, sondern die Art und Weise betrifft, wie sich dieses durch die Vermittlung der Elterngeneration in die Realität einfügt. Sie wenden sich also an das Unbewußte, das sich, wie Freud sagt, durch das Lachen ausdrückt und insofern durch etwas, das weder der repressiven Autorität noch dem Realitätsprinzip zuzuordnen ist, sondern der verständnisvollen und komplizenhaften Autorität, *der Autorität der Phantasie* (der Frucht der Imagination, der *phantasia*), zu der die »Traumsprache der Mythen« gehört. Das Lachen – sei es sozial erzeugt, wie durch Riten und Feste, oder in intimer Atmosphäre, wie beim Spielen der Eltern mit dem Kind – ist ein wesentliches Element des psychischen Apparats.

In diesem Fall nennen wir das »Es« die Autorität der Zärtlichkeit. Diese im Unbewußten wurzelnde Zärtlichkeit, das verbindende Einverständnis zwischen den Generationen, ist es, was die Plakate des *Canal J* auslöschen möchten. Letztlich handelt es sich darum, das Es selbst zu kontrollieren, kurzzuschließen und in gewisser Weise einer Über-Zensur zu unterwerfen.

Das transgenerative Über-Ich, über das man zum Es gelangt (und das Marcuse seit 1955 mit dem Fernsehen durch ein »automatisches Über-Ich« abgelöst sah), soll durch eine »Kontrolle der Aufmerksamkeit« ersetzt werden, die in Wahrheit nur zum Zappen, zum Verlust jeglicher Autorität und schließlich in psychischer wie in sozialer Hinsicht zum Verlust der allgemeinen Individuation führt. Zugleich provoziert sie gewalttätige Ausbrüche des über-zensierten Es, wie die Delikte und Gewalttaten von Minderjährigen, die man zu Unrecht durch eine *mechanische*, jeglicher symbolischen Autorität entbehrende Repression glaubt eindämmen zu können.

Mit anderen Worten, die Umlenkung der primären Identifikation und die gleichzeitige Vereinnahmung der Aufmerksamkeit durch *Canal J* und andere Ausbeuter der verfügbaren Zeit jugendlicher, erwachsener oder seniler Hirne, die verantwortungslos gemacht und in einen strukturellen Zustand der Minderjährigkeit versetzt worden sind, führt zur *Vernichtung des psychischen Apparats* dort, wo er sich der Hegemonie des Lustprinzips widersetzt. Denn der psychische Apparat läßt sich nicht auf das Ich reduzieren, sondern ist in einen Prozeß der kollektiven Individuation eingebunden, der die Aufmerksamkeit, die gleichermaßen psychisch wie sozial ist, nur über die Beziehung zwischen den Generationen herausbildet.

Die »Aufmerksamkeit« des Bewußtseins Jugendlicher »fesseln« bedeutet hier: die Aufmerksamkeit der Systeme fesseln oder vereinnahmen, in denen diese Bewußtseinsträger als ein Ich zusammen mit dem Es formiert sind – und zwar, nach Freuds Theorie, mit dem Auftrag, das *Es zu lehren*, einen Ausgleich mit dem Realitätsprinzip zu erzielen. Und es bedeutet auch die Fesselung der Systeme, mit denen diese jungen Bewußtseinsträger in einen *Resonanzraum* mit ihrem Es eintreten, wodurch sie instand gesetzt werden, *Antwort* zu geben und insofern *Verantwortung* gegenüber ihren Verwandten und Vorfahren zu übernehmen.

5 Wie Jesus noch vor seiner Geburt zu Gottes Sohn wurde

Das Gesetz gilt zunächst der Beziehung zwischen den Generationen, sagte Antigone.[24] In diesem Sinn sind aber auch die Genealogien zu verstehen, die das Alte Testament gliedern und die man noch im Matthäus-Evangelium findet. Sie beginnen in der *Genesis* mit der Nachkommenschaft von Kain, dem Mörder des Abel, der über das Angesicht von Jahwe hinweggeht:

Er wohnte im Lande Nod,
jenseits von Eden, gegen Osten
Kain erkannte sein Weib,
die ward schwanger und gebar den Henoch
Kain erbaute eine Stadt
und gibt ihr den Namen seines Sohnes Henoch
Henoch zeugte Irad,

und Irad zeugte Mehujaël
Und Mehujaël zeugte Methuschaël
Und Methuschaël zeugte Lamech
usw.[25]

Dann folgt Adam, der abermals zeugt, und Eva empfängt den dritten Sohn Adams.

Daran schließen sich in der Genesis weitere Genealogien an (von Schem, Abraham und Jakob). Dann folgen die *Zahlen*. Und in den Evangelien beginnt das *Buch von der Geschichte Jesu Christi, des Sohnes Davids, des Sohns Abrahams, nach Matthäus* wie folgt:

Abraham zeugte Isaak,

Isaak zeugte Jakob.

Jakob zeugte Juda und seine Brüder.

Juda zeugte Perez und Serach mit der Tamar.

Perez zeugte Hezron.

Hezron zeugte Ram.

usw.

Ich springe von Matthäus 1,3 zu Matthäus 1,17:

Alle Glieder von Abraham bis zu David
sind vierzehn Glieder.

Von David bis zur babylonischen Gefangenschaft
sind vierzehn Glieder.

Von der babylonischen Gefangenschaft bis zu Christus
sind vierzehn Glieder.

Die Geburt Jesu Christi geschah aber so: Als Maria, seine Mutter, dem Josef vertraut war, fand es sich, ehe er sie heimholte, daß sie schwanger war von dem Heiligen Geist. Josef aber, ihr Mann, war fromm und wollte sie nicht in Schande bringen, gedachte aber, sie heimlich zu verlassen.

Mit dieser Szene, in deren Verlauf Josef Maria zurückschickt, beginnt auch *Das erste Evangelium nach Matthäus* von Pier Paolo Pasolini. Man sieht, wie Josef sein Weib, Nachfahrin von Adam und Eva, das in seinem Bauch ein Kind trägt, das nicht das seinige ist, verstößt. Dann erscheint ein Engel, und Josef adoptiert dieses Kind, was bedeutet, daß er für das Kind *verantwortlich* wird: Er erkennt es als sein eigenes an und sorgt für das Kind. Das Kind wird *auf diese Weise* zum Sohn Gottes. Nach Thomas Mann wie auch nach Freud offenbart sich Jahwe, der »Gott der Väter«, bereits Moses als einem Adoptivsohn und von den Juden adoptierten Ägypter:

> So wurden Amram und Jochebed sein Elternpaar vor den Menschen und Aaron sein Bruder. Amram hatte Rinder und Feld, und Jochebed war eines Steinmetzen Tochter. Sie wußten aber nicht, wie sie das fragliche Knäblein nennen sollten; darum gaben sie ihm einen halb ägyptischen Namen, will sagen, die Hälfte eines ägyptischen. Denn öfters hießen die Söhne des Landes Ptach-Mose, Amen-Mose oder Ra-Mose und waren als Söhne ihrer Götter benannt. Den Gottesnamen ließen nun Amram und Jochebed lieber aus und nannten den Knaben kurzweg Mose. So war er ein ›Sohn‹ ganz einfach. Fragte sich eben nur, wessen.[26]

In dem *Buch von der Geschichte Jesu Christi, des Sohnes Davids, des Sohns Abrahams, nach Matthäus* sagt der Bote Gottes nun zu Josef:

> Josef, du Sohn Davids, fürchte dich nicht, Maria, deine Frau, zu dir zu nehmen; denn was sie empfangen hat, das ist von dem Heiligen Geist. Und sie wird einen Sohn gebären, dem sollst du den Namen Jesus geben, denn er wird sein Volk retten von seinen Sünden. [...] Als nun Josef vom Schlaf erwachte, tat er, wie ihm der Engel des Herrn befohlen hatte, und nahm seine Frau zu sich. Und er berührte sie

nicht, bis sie einen Sohn gebar; und er gab ihm den Namen Jesus.[27]

So geschah es, daß Jesus, noch vor seiner Geburt zum Sohn Gottes wurde, zum Symbol der Kirchenväter und der Institution Kirche.[28]

6 Früchte des Wünschens, Macht der Psyche und die Entmündigung der Massen

Der Autor des Blogs *Antipub – Décryptage du Désenchantement* hat genau verstanden, was bei der Kampagne des *Canal J* auf dem Spiel steht: Es geht darum, die Hierarchie der Generationen umzukehren, ihre Differenz zu verwirren. Ich bin dagegen nicht der Auffassung, daß es Pflicht der Erwachsenen ist, sich den Wünschen ihrer Kinder zu beugen.[29] Was den Kontrollapparat der Aufmerksamkeit beansprucht und aufreizt, ist *gerade nicht das Wünschen*: Es sind die Triebe. Das Wünschen entwickelt sich sozial, als Kreislauf der Transindividuation über die Generationen hinweg, in denen sich die Signifikanten des Transindividuellen herausbilden, die die Objekte der psychischen wie sozialen Aufmerksamkeit sind und die als Kultur und Geist die Generationen verbinden. Durch die Beschwörung der infantilen Triebe, die infolge der Umkehr der intergenerativen Beziehungen zu *Vorschriften für die Erwachsenen* werden, soll dagegen die Regression der Masse, die zugleich ihre *Entmündigung* bedeutet, vorangetrieben werden – auf die Gefahr hin, der Jugend, auch auf legislativem Wege, eine vorzeitige Mündigkeit aufzuerlegen.

Es ist keineswegs das Begehren, an das sich *Canal J* wendet – das genaue Gegenteil ist der Fall. Wunsch und Begehren entwikkeln sich sozial, als Kreislauf der Transindividuation über die Generationen hinweg, in denen sich die Signifikanten des Transindividuellen und damit die Objekte der psychischen wie sozialen Aufmerksamkeit herausbilden. Darüber hinaus kann sich der Wunsch unmittelbar auf die Generierung von Abstammung richten, das heißt zur Gründung einer Familie führen und damit zur Annahme der Pflicht, seine Kinder zu erziehen, indem man ihnen die *Früchte des Wünschens* vermittelt.

Es ist vielmehr das Anliegen der Systeme zur Gewinnung der Zielgruppen, den durch das Ich und das Es und die damit verbundenen Kreisläufe der Transindividuation[30] konstituierten *psychischen Apparat* durch *Apparate der Psychotechnologie* zu ersetzen, die die Kontrolle der Aufmerksamkeit ermöglichen und sich nicht mehr an das Wünschen richten, sondern an die Triebe. Dies geschieht durch das Kurzschließen des Generationenverhältnisses, durch Beseitigung der Unterschiede und durch Auslöschung der Aufmerksamkeit für das durch menschliche Erfahrung Vererbte, das sich in Gestalt von sekundären und tertiären Retentionen angehäuft hat und das die Wissensformen[31] unterstützt. Die vergangene und die gegenwärtige Erfahrung werden kurzgeschlossen und auch der Entwurf auf eine zukünftige Erfahrung im voraus verhindert.

Diese psychotechnologischen Apparate sind Bestandteil einer Psychomacht, die die Formierung der von Michel Foucault analysierten Biomacht vervollständigt, zugleich jedoch deren Schwergewicht verlagert. Kontroll- und »Modulations«-Gesellschaften, bei denen das Marketing zur zentralen Funktion der sozialen Entwicklung geworden ist,[32] ersetzen die Foucaultsche Disziplinargesellschaft. Die Werbekampagne von *Canal J* offenbart, daß die durch psychotechnologische Apparate (die

Schlüsseltechnologien der »Kontrollgesellschaften«) ermöglichte Kontrolle der Aufmerksamkeit den psychischen Apparat als System der Wunscherzeugung deshalb kurzschließt, weil er *in sich intergenerativ geprägt* ist.

Dieses Kurzschließen des psychischen Lebens deckt sich mit dem Kurzschließen des Handlungswissens und der Lebenskunst in den hyperindustriellen Dienstleistungsgesellschaften. Dies ermöglicht es den Konsumenten, sich von ihrer Existenz zu entlasten. Aber diese Entlastung, die zugleich die der Existenz inhärente Verantwortung betrifft, führt auch zu einer Unterbrechung der psychischen Verbindungen zwischen den Generationen, indem sie die *psyche* ausschaltet, die jetzt vom Zustand der Bewußtheit zur bloßen Hirnfunktion übergeht. Das bedeutet zugleich, daß die von den audiovisuellen Kulturindustrien kontrollierte Psychomacht den Prozeß der Vermittlung und der Erziehung zerstört, der sich auf die *philia*, auf den vertrauensvollen Umgang mit der Nachkommenschaft, gründet.

Ein unüberwindbares Hindernis für diese Apparaturen der Aufmerksamkeitskontrolle ist gleichwohl, daß sie die Aufmerksamkeit selbst zerstören, und zwar sowohl hinsichtlich der psychischen Fähigkeit zur Konzentration auf ein Objekt als auch im Hinblick auf die soziale Fähigkeit zur Konstruktion solcher Objekte. Diese Fähigkeiten sind aber die Voraussetzung für die Gestaltung der Gesellschaft als Raum der Zivilität mit der Lebensweisheit, dem praktisches und dem theoretischen Wissen als grundlegenden kontemplativen Wissensformen. Dadurch nimmt die Rücksichtslosigkeit der Jugendlichen zu. Indem man den Kindern und Heranwachsenden nun eine vorzeitige Strafmündigkeit auferlegt, lenkt man lediglich die öffentliche Aufmerksamkeit von dem ab, *was die Aufmerksam-*

keit im allgemeinen zerstört, insbesondere die der Eltern für ihre Kinder und die der sich entwickelnden Kinder.

Mit anderen Worten, während man die Kinder einerseits zu Trägern von Vorschriften werden läßt, die die Erwachsenen infantilisieren, weist man der Jugend andererseits die Rolle des Sündenbocks – griechisch *pharmakon* – zu. Die delinquenten Jugendlichen, die zweifellos Opfer erzeugen, dienen ihrerseits als Sühneopfer, auf dem die eigenen Vergehen abgeladen werden. »Sündenbock« bedeutet, daß ein solches Heilmittel, ein solches *pharmakon*, nur ein Notbehelf sein kann – ein Gift, das das Übel langfristig verschärft.

Was verdienen diese Kinder, was verdienen »unsere Kinder« – gleich welche? Verdienen sie es beispielsweise nicht, Väter, Großväter und eine Familie zu haben (die im Grunde stets adoptiv ist[33]), in deren Schoß sie *spielen* können, die sie *deshalb* achten, lieben und nicht nur fürchten? Mit der Tochter oder dem Enkel spielen bedeutet lachen und sich mit ihnen »die Zeit vertreiben« – ihnen ein wenig von der eigenen Zeit zu widmen, und zwar nicht nur für ihr Gehirn, sondern auch für die Entwicklung ihrer minderjährigen Aufmerksamkeit.

Das Spielen mit einem Kind bedeutet, daß man sich um das Kind *sorgt*, indem man ihm den Zugang zu den *Übergangsräumen* eröffnet, die auch am Ursprung der Kunst, der Kultur und letztlich all dessen stehen, was die symbolische Ordnung und die »Traumsprache der Mythen« ausmacht. So, wie es Winnicott in seiner Analyse der Fürsorge einer Mutter für ihren Säugling festhält:

> Übergangsobjekte und Übergangsphänomene gehören in den Bereich der Illusion, die den Anfang jeder Erfahrung bildet. Diese frühe Entwicklungsphase wird dadurch ermöglicht, daß die Mutter die besondere Fähigkeit hat, sich den

Bedürfnissen ihres Kindes anzupassen, und dem Kind damit die Illusion gewährt, daß das, was es erschafft, wirklich besteht.

Dieser intermediäre Erfahrungsbereich, der nicht im Hinblick auf seine Zugehörigkeit zur inneren oder äußeren Realität in Frage gestellt wird, begründet den größeren Teil der Erfahrung des Kindes und bleibt das Leben lang für außergewöhnliche Erfahrungen im Bereich der Kunst, der Religion, der Imagination und der schöpferischen wissenschaftlichen Arbeit erhalten.[34]

Den Kindern diese Zeit geben bedeutet, ihnen den Zugang zu den Musen zu gewähren, zur Phantasie, die allein zu ermuntern vermag, bedeutet, ihr imaginatives Leben zu begründen, als Quelle für Kunst, Wissenschaft und alle Formen der geistigen Tätigkeit. Läßt man dagegen zu, daß die Psychotechnologien die Kontrolle über die kindliche Aufmerksamkeit erlangen, so gestattet man der Kulturindustrie, diese Übergangsräume zu zerstören, einschließlich der darin erscheinenden Übergangsobjekte, welche die frühesten Formen der tertiären Retentionen[35] sowie die Grundlagen jedes Sorge-Systems sind: Ein Übergangsraum ist in erster Linie ein System der Umsorgung.

Die Phantasie, in der sich die symbolischen Milieus formen, stellt das wertvollste Gut der Menschheit dar, seine Kultur und seinen Geist, einschließlich der Wissenschaft. Denn auch die Wissenschaft geht, wie Gaston Bachelard sagt, zunächst vom Spiel der Imagination aus, in jener spezifischen Form der Aufmerksamkeit, die man *Kontemplation* (*theoria*) nennt und die als solche zur Tätigkeit des Beobachtens führt, in der sich Lust und Realität verbinden. Insofern ist das Realitätsprinzip nicht der Gegensatz des Lustprinzips, sondern dessen Produkt.

Ohne die Ermunterung durch die Phantasie kann sich kein

symbolisches Milieu entwickeln, nicht einmal die wissenschaftliche Sprache. Die *unkontrollierte* Industrialisierung der Kultur hingegen unterjocht die Phantasie durch den Einsatz der Psychomacht und ihrer Apparate zur Aufmerksamkeitskontrolle. Die Phantasie wird zum *Entertainment*, um ein Publikum zu generieren, wobei sie an die archaischsten Triebe appelliert. Indem sie Bewußtsein auf simple Reflexmechanismen der Hirnfunktion reduziert, zerstört sie schlichtweg die Sorge, die zuvörderst als Aufmerksamkeit und Achtsamkeit zu definieren ist, welche die Elterngeneration ihren minderjährigen Nachkommen widmet. Eine Sorge, die im Gegenzug auch die Anerkennung der Älteren durch ihre Nachkommen beinhaltet, das heißt die Formierung ihrer eigenen Aufmerksamkeit und Achtsamkeit.

Die Zerstörung der Sorge als Aufmerksamkeit, Achtsamkeit und Anerkennung sowohl der Erwachsenen wie der Kinder ist es, die die Werbekampagne des Fernsehsenders auszeichnet, der sich auf die »Zielgruppe Jugend« spezialisiert hat. Wenn diese Sender nicht einmal mehr zögern zu bekennen, daß sie die audiovisuellen Vorrichtungen der Aufmerksamkeitsvereinnahmung systematisch und massiv einsetzen, um die Regression der Masse in die Unmündigkeit zu betreiben, so kann man daraus schließen, daß die Liquidierung des psychischen Apparats derjenigen des sozialen Apparats entspricht, der seinerzeit zur Epoche der *Aufklärung* geführt hatte. Tatsächlich zeigt Kant, daß die *Aufklärung* in historischer Hinsicht den Status der Mündigkeit als Stadium der kollektiven Individuation etabliert hat. Damit hat sie auch in sozialer Hinsicht ein – *buchgestütztes* – Entwicklungsstadium des psychischen Apparats definiert, das die *kritikfähige Unterstützung der Wissensformen* zu begründen vermochte.

Wir dagegen erleben eine Revolution der kulturellen und kognitiven Technologien, gegen die es, wie François Fillon am 2. Juni 2007 formulierte, gilt, eine »Schlacht für die Intelligenz« aufzunehmen.[36] Welche Lehren kann man im Hinblick auf dieses so ambitionierte und berechtigte Projekt noch aus dem Zeitalter der Aufklärung ziehen?

2 Die »Schlacht der Intelligenz« für die Mündigkeit

7 Allgemeine Prinzipien der Aufmerksamkeitsformierung, die stets eine Vereinnahmungstechnik
voraussetzt

Die Epoche der *psychotechnologischen* Apparate kehrt das Zeitalter der *psychotechnischen* Geräte um, die zugleich Nootechniken sind, Techniken des Geistes, deren vollkommenste die
Schrift als Unterstützung der Gelehrtenrepublik ist, welche
die Öffentlichkeit im Zeitalter der Aufklärung bildete. Wie
ein *hypomnematon* stellte sie das Fundament für die Techniken
des Regierens seiner selbst und anderer dar, als Praktiken der
melete und der *epimeleia* der Stoiker und Epikuräer, aber auch
der frühen Christen und des Mönchstums, wie es vom späten
Foucault analysiert wurde. Das *Buch* ist die Psychotechnik der
Aufmerksamkeitsformierung, die dem jüdischen Monotheismus wie auch der aus der griechischen Welt hervorgegangenen
Philosophie, Wissenschaft und Literatur zugrunde liegt, und
aus der religiösen und philosophischen Synthese der Praktiken
des Buches entstand das Christentum.

Aufmerksamkeitsvereinnahmung ist keineswegs ein Makel unserer Epoche: Aufmerksamkeit vereinnahmen oder fesseln
heißt, sie zu *formieren*. Und umgekehrt gilt: Wer die Aufmerksamkeit formiert, der fesselt sie – wie jeder Lehrer aus Erfahrung weiß. Die Formierung von Aufmerksamkeit, die Moses
Mendelssohn – nach der Bedeutung von Aufklärung befragt –
als *Bildung* bezeichnete (die bei ihm *Kultur* und *Aufklärung*
umfaßt[1]), ist eine grundlegende Voraussetzung für jede mensch-

liche Gemeinschaft. Im Hinblick auf ihre psychische wie soziale Kompetenz bedeutet sie außerdem die Formierung dessen, was Simondon als das Transindindividuelle bezeichnet hat.

Die Formierung von Aufmerksamkeit, von At-tention, besteht in der Verknüpfung von Re-tentionen und Pro-tentionen durch Psychotechniken. Aufmerksamkeit ist ein Bewußtseinsstrom. Dieses Strömen ist zeitlich, und als solches besteht es zunächst, wie Husserl gezeigt hat, aus primären Retentionen. »Primär« werden jene Retentionen genannt, durch die sich ein erscheinendes Objekt konstituiert, dessen Umrisse ich als seine eigene Präsenz zurückbehalte. Diese der Wahrnehmung entspringende Retention wird durch *sekundäre* Retentionen, das heißt durch die Vergangenheit des aufmerkenden Bewußtseins, durch seine Erfahrungen, gewissermaßen »verpackt«. Indem die primären Retentionen mit Hilfe der sekundären selektiert werden, bildet das Bewußtsein Protentionen, Erwartungen. Dieses Zusammenspiel von Retention und Protention bestimmt die Aufmerksamkeit.

Bei der *Formierung* von Aufmerksamkeit geht es immer schon um eine sowohl psychische wie auch soziale Fähigkeit, und zwar in dem Maße, in dem bei ihrer Gewinnung die primären Retentionen von den sekundären Retentionen des Individuums kanalisiert werden, wobei diese wiederum in *kollektive* sekundäre Retentionen eingebettet sind, die die *tertiären* Retentionen symbolisieren und unterstützen.[2] Die kollektive Individuation bildet sich aus kollektiven Retentionen. Sie sind denen gemeinsam, die sich psychisch ko-individualisieren, weil sie einen gemeinsamen retentionalen Vorrat teilen. Dieser Vorrat, der Simondon zufolge ein prä-individuelles Milieu darstellt, wird durch vergegenständlichte Erinnerungen in Form eines epiphylogenetischen, also technischen Gedächtnisses gebildet.[3] In dieses epiphylogenetische Umfeld gehören dann auch die eigentlich mnemotechnischen, oder – wie Platon es nannte – hypomnetischen Gegenstände, die als tertiäre Retentionen die materielle Grundlage für die Psychotechniken bilden.

Als psychotechnische Hilfsmittel können die kollektiven sekundären Retentionen auch durch jemanden verinnerlicht werden, der sie nicht durchlebt hat und nun seine eigenen sekundären Retentionen darauf projiziert. Dabei handelt es sich um einen Fall dessen, was Freud als *Projektion* bezeichnet hat.[4] Dieser Projektionsmechanismus, der die Basis für den Prozeß der Aneignung bildet, ist zugleich der Mechanismus, der die Konstitution des Transindividuellen ermöglicht. Die Formierung von Aufmerksamkeit durch soziale Aufmerksamkeitsvereinnahmung, genannt *Erziehung*, ist der Weg, über den sich psychische Individuen nicht nur ko-individualisieren, sondern auch trans-individualisieren, auch auf der Ebene des Unbewußten, von dem man insofern sagen kann, daß es »wie eine Sprache strukturiert ist«.[5]

Im Verlauf der Menschheitsgeschichte sind verschiedene Techniken zur Formierung von Aufmerksamkeit erdacht und praktiziert worden. Infolge des Wandels dieser Techniken hat sich die Organisation der sozialen Apparate und der psychischen Apparate verändert. Die allgemeine Organologie ermöglicht es, diese Vorgänge näher zu beschreiben. Anhand der zerebralen Bildgebung läßt sich beobachten, wie tiefgreifend die Synaptogenese durch die zeitgenössischen digitalen Medien modifiziert worden ist. Sie haben eine Umgebung geschaffen, in der – wie Katherine Hayles festgestellt hat – die Gehirne jüngerer, in der digitalen Umgebung der *rich-media* lebenden Generationen *anders strukturiert sind als die Gehirne der vorangehenden Ge-*

neration. So fällt es diesen jungen Gehirnen zunehmend schwer, die sogenannte *deep attention* (Katherine Hayles) zu erreichen. Die vorangegangene Generation, deren Gehirne noch anders strukturiert sind als die derjenigen, die sich gegenwärtig in der Entwicklung ihres synaptischen Bauplans befinden, sind *wir* selbst: Leser und Autor *dieses* Textes – ein Text, von dem man dennoch hoffen kann und sollte, daß ihn manche dieser jungen Bewußtseine eines Tages lesen werden. Daran *glauben* und darauf *hoffen* zu können, *müssen und wollen* sind die *Infinitive der Mündigen*, das heißt der zeitgenössischen, für die jüngeren Generationen *Verantwortlichen*.

Eines der auffälligsten Unterscheidungsmerkmale zwischen den Gesellschaften ist die Art und Weise, wie sie Aufmerksamkeit formieren. Die Heilige Schrift ist eine der Psychotechniken, die die Formierung einer dogmatischen Aufmerksamkeit ermöglicht, in diesem Fall die Formierung eines Gesetzes – eines sowohl moralischen wie rechtlichen Gesetzes, welches das Königreich von Judäa begründet hat und anschließend, als evangelistische Auslegung des Dogmas, die römische Kirche, einen institutionellen Korpus, den Kant als *Symbol* bezeichnet.

Wie man sieht, gibt es so etwas wie eine *dogmatische Aufmerksamkeit*, und dieses Adjektiv hat hier nichts Abwertendes. Es gibt keine Religion ohne Dogma – die monotheistische Religion ist ein fortgeschrittenes Stadium der Aufmerksamkeitsformierung als einem Vereinheitlichungsprozeß der kollektiven Individuation. Sie beruht auf dem Genealogie-Konzept, das heißt auf den intergenerativen Beziehungen, die die Prinzipien der Vereinheitlichung bekräftigen mit den Zehn Geboten als rechtlich-moralischer Grundlage. Aber es gibt überhaupt keinen Prozeß der Aneignung, der Adoption, der nicht *in der*

Adoption eines religiösen oder säkularen Dogmas bestünde: Familienroman, offizielle Geschichtsschreibung usw.

8 Die bösen Geister des unmündigen Erwachsenen und die Pharmakologie des Geistes

Immanuel Kant zeigt uns, daß im Zeitalter der *Aufklärung* das profane Buch die Kritik dieses Dogmas nicht nur ermöglicht, sondern sogar fordert. Damit weist er auf die *psychische wie soziale Errungenschaft der Mündigkeit* hin als *Vermögen zum Denken* und *Willen zum Wissen*, die in eine kritische Hochachtung vor der sozialen Verantwortlichkeit münden. Des weiteren setzt eine solche Mündigkeit Kant zufolge *Schreiben und Lesen* als kritische Fähigkeiten voraus: Sie sind es, mit denen man den öffentlichen Gebrauch seiner eigenen Vernunft »*als Gelehrter* [...] vor dem ganzen Publikum der *Leserwelt* macht«.[6]

Bedeutet dies für Kant, daß die Mündigkeit nur den Gelehrten vorbehalten ist oder jenen, die man heutzutage als »Experten«[7] bezeichnen würde? Im Gegenteil. Möglichst alle sollen sich ihrer eigenen Urteilskraft bedienen lernen und auf diese Weise mehrheitlich die Mündigkeit erreichen.

Bezeichnen wir dies als »Schlacht für die Intelligenz« – denn es handelt sich tatsächlich um eine Art Schlacht, in der der Geist das Prinzip aufstellt, daß die demokratische und insofern kollektive Mündigkeit sich auf die *Mündigkeit als Mut und Willen des Einzelnen* zu gründen habe:

> Sapere aude! [Wage zu wissen!] Habe Mut, dich deines eigenen Verstandes zu bedienen! ist also der Wahlspruch der Aufklärung.

Die Aufklärung, das heißt die Mündigkeit, ist

der Ausgang des Menschen aus seiner selbstverschuldeten Unmündigkeit. Unmündigkeit ist das Unvermögen, sich seines Verstandes ohne Leitung eines anderen zu bedienen.[8] Mündigkeit setzt den Mut und den Willen zum Wissen voraus. Wogegen sollen aber dieser Mut und Wille zum Selbstdenken ankämpfen, damit wir nicht von vorgefertigten Ideen, von den Dogmen, abhängig werden? Diese werden von jenen verbreitet, die vorgeben, an unserer Stelle zu denken: den Gelehrten und Experten aller Art, über die man sich schwer hinwegsetzen kann. Wogegen also sollen Mut und Wille, diese Charaktereigenschaften des Mündigen, zu Felde ziehen? Gegen die Neigung zur Faulheit und Feigheit, die die *erwachsene Unmündigkeit* kennzeichnen und die den erwachsenen Geist als böse Geister der vorsätzlichen Dienstfertigkeit heimsuchen:

Faulheit und Feigheit sind die Ursachen, warum ein so großer Teil der Menschen, nachdem sie die Natur längst von fremder Leitung freigesprochen, dennoch gerne zeitlebens unmündig bleiben; und warum es anderen so leicht wird, sich zu deren Vormündern aufzuwerfen. Es ist so bequem, unmündig zu sein. Habe ich ein Buch, das für mich Verstand hat, einen Seelsorger, der für mich Gewissen hat, einen Arzt, der für mich die Diät beurteilt usw., so brauche ich mich ja nicht selbst zu bemühen.[9]

Mit anderen Worten, wenn die Aufklärung die *Schriftlichkeit* und damit auch Lektüre als Psychotechnik der Aufmerksamkeitsformierung *voraussetzt* und wenn die Nootechnik des buchförmigen *hypomnematon* die Grundlage zur Schaffung einer kritischen Öffentlichkeit wie der »Gelehrtenrepublik« ist, so darf dieses *Pharmakon* namens Buch nicht an die Stelle der Urteilskraft treten.

Denn das Buch als Heilmittel gegen die Schwäche unseres

Geistes würde dadurch zu einem fatalen Gift für den Geist – wie es bereits Platon bemerkte, als er den Sophisten vorwarf, »Logographie« zu treiben und damit die dialektische Praxis, also das Denken (als Dialog oder als *dianoia*), durch rhetorische Techniken zur Fabrikation eines »vorgefertigten Denkens« zu ersetzen. Und dies, indem die psychotechnischen Kräfte der Aufmerksamkeitsvereinnahmung ausgebeutet werden, die der *logographischen Hypomnesie* zu eigen sind, die dem Buch innewohnen.

Die Frage, die Kant hier aufwirft, betrifft also die *Pharmakologie des Geistes* und die Mündigkeit als richtigen Gebrauch der *pharmaka*. Diese Frage steht auch am Ursprung des philosophischen Fragens überhaupt. Wenn bereits die griechische Sophistik eine solche Frage für die Philosophie aufgeworfen hat, so deshalb, weil es sich dabei auch um eine Frage des Geldes und seiner Rolle im Geistesleben handelt. Der faule und feige, der unmündige Erwachsene sagt sich tatsächlich:

> Ich habe nicht nötig zu denken, wenn ich nur bezahlen kann; andere werden das verdrießliche Geschäft schon für mich übernehmen.[10]

Platon zufolge boten bereits die Sophisten den jungen Athenern an, gegen Bezahlung die Zeit der dialektischen Entwicklung ihrer Seele zu verkürzen, indem sie ihre *Aufmerksamkeitsformierung beschleunigten* und als die Fähigkeit ausbildeten, die *Aufmerksamkeit eines anderen zu vereinnahmen* – und zwar durch die Aneignung von Überredungstechniken zur Übernahme des eigenen Standpunkts. Dies geschieht ohne die mindeste Rücksicht auf den Wahrheitssinn und ohne die Arbeit am transindividuellen Sinngehalt, die dem wahrhaft dialektisch aufgefassten Dialog (mit einem andern oder mit sich selbst als einem andern) innewohnt.

Die Errichtung des Transindividuellen bedarf der Formierung eines Prozesses, der um die Inhalte wie um die Sprache Sorge trägt, der die Dinge nicht nur bezeichnet, sondern auch bedenkt, das heißt: sie erscheinen läßt, ihnen Raum und so auch Sinn gibt. Das ist die Aufgabe, die Platon Dialektik nennt, eine Bezeichnung, die Kant in der *Kritik der reinen Vernunft* wiederaufnimmt. Im Gegensatz dazu zielt die sophistische Aufmerksamkeitsformierung auf eine Unterbrechung dieser Dialektik, was eine *Deformation* des Geistes und schließlich eine (zynische) Zerstörung dieser Aufmerksamkeit nach sich zieht.

Nach Kant kann ich mich jederzeit als unmündiger Erwachsener von meiner Faulheit und Feigheit verführen lassen, statt meiner *dialektischen Verantwortung* zu denken gerecht zu werden. Dann verzichte ich darauf, etwas über jene zu erfahren, die mir – von den griechischen Sophisten über jene, die Kant am Ende des 18. Jahrhunderts die Vormünder nannte, bis hin zu den *Dienstleistungsgesellschaften* unseres 21. Jahrhunderts – ihre zweifelhaften »Dienste« erweisen. Diesen Instanzen hat die *kontinuierliche Schlacht für die Intelligenz* zu gelten.

Die Eigenart der Sophistik entspricht der Konstellation unserer hyperindustrialisierten Dienstleistungsökonomien, in der Aufmerksamkeitszerstörung in eine neue Phase getreten ist. Sie erlegt *unseren* ökonomisch und politisch Verantwortlichen – überhaupt den »Vormündern« der zeitgenössischen Gesellschaften – ganz neue Verantwortlichkeiten auf.

Die Kontrolle der Aufmerksamkeit mit Hilfe kultureller und kognitiver Technologien, die man als *Technologien des Geistes* auffassen muß – einschließlich der bösen Geister, die in Form von Apparaturen zur Vereinnahmung, Formierung und Deformation der Aufmerksamkeit den unmündigen Erwachsenen heimsuchen –, ist zum Kernpunkt der hyperindustriellen Gesellschaft geworden.[11] Die Technologien stützen sich nicht mehr nur auf Psychotechniken, sondern auch auf psychotechnologische Apparate, deren Verwüstungspotential man an *TF1* und *Canal J* beobachten kann.

Daher ist es hier und jetzt nötiger denn je, zu lesen, was Kant über den »Gelehrte[n] [...] vor dem ganzen Publikum der Leserwelt« schreibt. Ein Publikum, das *wir noch* sind, und für dessen Fortbestand in den künftigen Generationen wir als Mündige die Verantwortung tragen. Es ist nötiger denn je, zu lesen, was Kant über die Mündigkeit als individuelle wie kollektive Verantwortung geschrieben hat, in dieser Schlacht des Wissens gegen *die Faulheit und Feigheit* der grundsätzlich fehlbaren Wesen, die *wir* andererseits ebenfalls sind.

9 Die öffentliche Aufmerksamkeit als kritische Aufmerksamkeit und als historischer Zustand der Mündigkeit im Zeitalter der Aufklärung

Der Zustand der erwachsenen Unmündigkeit, schreibt Kant,[12] führt zu einer Art Verbrechen, angesichts dessen die *Aufklärung* – als *historischer Moment des Ausgangs aus der Unmündigkeit* – die erwachsenen Männer und Frauen zur Verantwortlichkeit aufruft, die als freier und öffentlicher Gebrauch des eigenen Verstandes definiert wird. Die Infantilisierung der Erwachsenen, die die Kulturindustrien heute systematisch betreiben und die zu einer vorzeitigen Mündigkeit von Kindern und Heranwachsenden führt, stellt in dieser Hinsicht eine beispiellose historische Regression dar.

Wer unter Bezugnahme auf Kants Aufklärungsschrift den gegenwärtigen Zustand bedenkt, wird ihn zwangsläufig bekämpfen – als Gelehrter vor dem ganzen Publikum der Leserwelt. Und umgekehrt ist Kants Schrift[13] notwendigerweise auf diesen gegenwärtigen Zustand hin zu interpretieren. Foucault hat 1983 ein Seminar über Kants Schrift abgehalten und 1984 eine weitere Vorlesung dazu in den Vereinigten Staaten veröffentlicht.[14] Seine Interpretationen betonen die Neuheit von Kants Fragestellung und ihren Bezug zum Gedanken der historischen Prozessualität, die mit Kant einsetzte.

Allerdings weist Foucault nirgends auf die Stellung hin, die Kant der Schriftlichkeit und der Lektüre in diesem Prozeß einräumt, obwohl er zur gleichen Zeit *L'écriture de soi* schrieb. Ich glaube, daß die Analyseschemata, die Foucault für den Entstehungsprozeß der westlichen Gesellschaft ausgearbeitet hat, die Rolle der Schrift als Psychotechnik und als administrative und epistemische Nootechnik nicht genügend deutlich machen und daß ihn dies zu Widersprüchen verleitet hat, die sowohl einer neuen Lektüre von Kants Schrift als auch der Möglichkeit einer Bekämpfung der gegenwärtigen Regressionstendenzen im Wege stehen.

Publikum bedeutet im Zeitalter der *Aufklärung* das »Publikum der Leserwelt«, das zu der *spezifischen Form der Aufmerksamkeit* fähig ist, welche dem Buch und seinem Verfasser zukommt. Das Buch hat die Aufmerksamkeit seines Verfassers wiederum bereits zu Beginn seiner Niederschrift gewonnen. Das Schreiben stellt bereits eine Form der Selbstvereinnahmung von Aufmerksamkeit dar und formt als solche die Grundlage für das, was Foucault als »Techniken des Selbst« bezeichnet hat.

Der Schriftsteller und das Publikum der Leserwelt, von denen Kant spricht, sind insofern mündig, als sie mit dem Lesen auch die Fähigkeit erworben haben, jederzeit – in Form eines anderen Buches, eines Artikels, einer Zusammenfassung oder eines Kommentars – darüber zu schreiben, was sie gelesen haben. Mit dieser Fähigkeit haben sie – als Autor, als Gymnasiast, als Lehrer, Priester usw. – *sämtlich die kritikfähige Form der Aufmerksamkeit erreicht.*

Umgekehrt kann freilich das Buch den Leser – darunter den Verfasser als spezifischen Leser – auch in seiner Unmündigkeit erhalten, das heißt ihm »den Verstand ersetzen«. Die Selbst-Vereinnahmung der Aufmerksamkeit führt dann zu einer Selbst-Entfremdung des Schreibenden durch das, was er schreibt und was ihn schreibt. Zweifellos betont Kant diese alternative Form der Lektüre nicht ausdrücklich. Sie stützt jedoch seine gesamte Argumentation. Mündigkeit und Unmündigkeit sind also zwei Möglichkeiten desselben *pharmakon*; stets gibt es die Seite der Hypomnesie, die bereits Platon angesichts der Entmündigung der griechischen Bürgerschaft durch die Sophisten problematisiert hat.

Dem Gebrauch des Verstandes entspricht ein Gebrauch des Buches, der die buchförmige Psychotechnik nicht zu einem Verstandesersatz, sondern zu einer Nootechnik macht, die durch Veröffentlichung und Selbstkritik den Raum für die Praxis des Verstehens eröffnet. Denn dieser Gebrauch ist im eigentlichen Sinne stets öffentlich, nämlich eine kritische Praxis, die sich selbst der Kritik aussetzt, wie Kant es 1784 dank der Berlinischen Monatsschrift vor ganz Preußen wie auch vor Friedrich dem Großen, seinem aufgeklärten Monarchen, getan hat. Kants Diskurs über die Aufklärung ist insofern auch ein Diskurs über die noetische Bedeutung dieses Veröffentlichungsorgans, über seine Rolle als »geistiges« oder intellektuelles »Instrument« für das, was sich *schon hier* als eine Schlacht für die Intelligenz präsentiert.

Der, wie Kant sagt, *private* Gebrauch der Vernunft, der sich vollkommen von seinem öffentlichen unterscheidet, paßt sich hingegen sozialen Mechanismen an. Dieser Gebrauch begründet den anderen Aspekt der Verantwortung, die Verantwortung als *Notwendigkeit zum Gehorsam*:

> Nun ist zu manchen Geschäften, die in das Interesse des gemeinen Wesens laufen, ein gewisser Mechanismus notwendig, vermittelst dessen einige Glieder des gemeinen Wesens sich bloß passiv verhalten müssen, um durch eine künstliche Einhelligkeit von der Regierung zu öffentlichen Zwecken gerichtet oder wenigstens von der Zerstörung dieser Zwecke abgehalten zu werden. Hier ist es nun freilich nicht erlaubt zu räsonieren; sondern man muß gehorchen.[15]

Während der öffentliche Gebrauch der Vernunft keinen Anlaß zu kollektivem, sozialem und diszipliniertem Handeln gibt, sondern zu individuellem Denken, das sich in der Sphäre der Publikation äußert, bleibt der private Gebrauch der Vernunft, der sich keineswegs blindlings vollzieht, weil er dann kein Gebrauch der *Vernunft* wäre, passiv. Das bedeutet hier, daß die Vernunft *gehorcht*, wobei dieser Gehorsam eine Form und Dimension der Sorge ist, bei der die Vernunft in den Dienst des sozialen Apparats gestellt wird.

Der private Gebrauch der Vernunft ist gleichwohl Vernunftgebrauch im strikten Sinne, denn es handelt sich um *dieselbe Vernunft*, mit der in ihrem öffentlichen Gebrauch kritisiert werden darf. Insoweit die private Vernunft öffentlich geworden ist, muß sie sich also zugleich psychisch wie kollektiv individualisieren können, im Hinblick auf die *Reform* der Angelegenheiten der Gemeinschaft. Der öffentliche Gebrauch der Vernunft ist hier derjenige, *der sich um die andere Form der Sorge sorgt*, die im privaten Gebrauch der Vernunft ihren Ort hat. Dies ist die *mündige* Dimension der Sorge. Sie schenkt den

Handlungen im Rahmen des privaten Gebrauchs der Vernunft ihre Aufmerksamkeit und sorgt sich um das, was *innerhalb des Systems der Sorge*, innerhalb des sozialen Apparates, dennoch den Angelegenheiten der Gemeinschaft schaden kann. Denn diese ist letztlich eine Art *pharmakologische Maschinerie*, ein Zusammenspiel von verschiedensten Artefakten.

Öffentlichen Gebrauch von seiner Vernunft zu machen, als Gelehrter vor dem Publikum der Leserwelt, bedeutet dagegen, zu *schreiben*. Es bedeutet, »durch Schriften zum Publikum, nämlich der Welt, zu sprechen«.[16] Die *Psychotechnik* der Schrift wird auf diese Weise zur *Nootechnik*, indem sie ihren öffentlichen Gebrauch vor einem Publikum der Leser begründet, die als Lesende auch zu schreiben vermögen. Öffentlichen Gebrauch von seiner Vernunft zu machen heißt also, zu diesem Publikum wie zu einer Macht, zu einem Willen und zu einem Wissen zu sprechen, die durch die Tugenden ebendieser Nootechnik kritisch geworden sind und damit jene Aufmerksamkeitsvereinnahmung spezieller Art ermöglichen, die man auch die *öffentliche Meinung* nennt, den Raum für ein *assoziiertes psychotechnisches Milieu*.[17]

Das psychotechnische Milieu wird insoweit zu einem nootechnischen Milieu, als es zugleich ein assoziiertes *symbolisches* Milieu begründet. Ein symbolisches Milieu gilt als »assoziiert«, wenn diejenigen, die Symbole empfangen, dazu fähig sind, diese zurückzugeben, indem sie sie ihrerseits individualisieren – was Husserl die »Vergemeinschaftung« des Wissens nennt, ohne die es weder Wissen noch Intelligenz gibt.

Die Umwandlung der Psychotechnik in Nootechnik ist eine Organisationsform des sozialen Apparats, den die Griechen *polis* nennen, wo der Grammatiker als Erzieher (der allerdings bald zum Sophisten wurde) das Schreiben lehrt und dadurch die Bürger formt. Er formt ihre psychische wie soziale Aufmerksamkeit, die sich als *politische* Aufmerksamkeit konstituiert, welche die *doxa*, die Meinung, bildet. Sie verwandelt den psychischen Apparat in das, was die Griechen als das logische *organon* bezeichnen. Es handelt sich dabei um eine spezifische Form der Aufmerksamkeitsvereinnahmung und -organisation, die ein assoziiertes symbolisches Milieu voraussetzt, das die Griechen *logos* nennen und das eine spezifische Form des öffentlichen (schriftlichen) Gebrauchs nicht nur der eigenen Vernunft (der *psyche* als *logos*), sondern auch der eigenen Sprache (der *glossa* als *logos*) darstellt. Das ist es, was Platon als Dialektik bezeichnet.

Die *Leser*, Adressaten des öffentlichen Vernunftgebrauchs, die im Prinzip auch Schreibende sind, hatten durch die Zirkulation der Schriften – Korrespondenzen, Zeitungen, Zeitschriften, Bücher – Zugang zur Formierung einer Aufmerksamkeit, die sich im Zeitalter der Aufklärung an *alle* als das »Volk« richtete. Alle waren Untertanen des Monarchen, alle waren als Geschöpfe Gottes vor ihrem Vater gleich. Diese Aufmerksamkeitsformierung, die sich aus dem Milieu der zunehmend verschriftlichten sozialen Beziehungen entwickelte und die sich seit Einführung des Druckwesens unaufhörlich ausweitete, *ermutigte* dazu, den ursprünglich unmündigen Zustand gegen den Zustand der Mündigkeit einzutauschen, der ihm wie ein Schmetterling seinem Kokon entschlüpfte. Die Mündigkeit entfaltete sich gewissermaßen als ein *Erwachsenwerden der Gesellschaft*.

Wer seine Vernunft als Teil des sozialen Apparats[18] privat und passiv gebraucht, kann und soll sie andernorts auch im öffentlichen Gebrauch präsentieren, und zwar insoweit, als dieser soziale Apparat stets Mängel aufweisen und ins Stocken geraten, also wie ein *pharmakon* schädlich werden kann. Wer im privaten Gebrauch der Vernunft Teil dieser möglicherweise stockenden Maschine ist, *kann auch* und *muß sogar*

> zugleich als Glied eines ganzen gemeinen Wesens, ja sogar der Weltbürgergesellschaft [...], mithin in der Qualität eines Gelehrten, der sich an ein Publikum im eigentlichen Verstande durch Schriften wendet, [...] allerdings räsonieren, ohne daß dadurch die Geschäfte leiden, zu denen er zum Teile als passives Glied angesetzt ist. So würde es sehr verderblich sein, wenn ein Offizier, dem von seinen Oberen etwas anbefohlen wird, im Dienste über die Zweckmäßigkeit oder Nützlichkeit dieses Befehls laut vernünfteln wollte; er muß gehorchen. Es kann ihm aber billigermaßen nicht verwehrt werden, als Gelehrter über die Fehler im Kriegesdienste Anmerkungen zu machen und diese seinem Publikum zur Beurteilung vorzulegen.[19]

Dies kann ihm nicht nur nicht verwehrt werden, es ist sogar seine höchste Pflicht. Was für den Offizier gilt, trifft auch auf den Priester zu, der sein Amt in einem besonderen symbolischen Milieu ausübt, dem »Symbol der Kirche«:

> Ebenso ist ein Geistlicher verbunden, seinen Katechismusschülern und seiner Gemeinde nach dem Symbol der Kirche, der er dient, seinen Vortrag zu tun, denn er ist auf diese Bedingung angenommen worden. Aber als Gelehrter hat er volle Freiheit, ja sogar den Beruf dazu, alle seine sorgfältig geprüften und wohlmeinenden Gedanken über das Fehlerhafte in jenem Symbol und Vorschläge wegen besserer Einrichtung des Religions- und Kirchenwesens dem Publikum mitzuteilen.[20]

Was für die kirchlichen Dogmen gilt, gilt selbstverständlich *in verstärktem Maße* auch für die profanen Dogmen, auf die sich die Maschine des sozialen Apparats gründet. Man muß also

zwei Gebrauchsweisen der Vernunft unterscheiden, die unablässig *zusammenwirken* müssen, da es sich sonst nicht um *die*
Vernunft handelte. Die Vernunft ist eine Einheit zweier Seiten:

1. impliziert sie den Gehorsam gegenüber der herrschenden
   sozialen und symbolischen Ordnung, gegenüber dem Gesetz, aber auch gegenüber dem Erbe der Mythen, Dogmen
   und »Illusionen«, die die Einheit eines sozialen Körpers als
   Stützen seiner *philia* bilden.

2. setzt sie in ihrem öffentlichen Gebrauch die Fähigkeit voraus, diese Ordnung zu kritisieren und ihre Schwächen zu
   erkennen, und weiterhin die Fähigkeit, die Grenzen des
   Wissens immer weiter auszudehnen.

Nun setzt dieser öffentliche Gebrauch der Vernunft voraus, daß
die Psychotechnik der kritischen Aufmerksamkeit sozial als
Nootechnik eingerichtet, das heißt zur Entwicklung einer öffentlichen Aufmerksamkeit eingesetzt wird, vermittels deren
Kultur zu *Bildung* wird. Und das bedeutet, daß die historische
Bewegung namens *Aufklärung* ein Stadium in der Genealogie
des Geistes darstellt, die selbst nur als allgemeine Organologie
zu denken ist (als Genealogie geistiger Instrumente, als Phänomenotechnik des Geistes, um mit Bachelard zu sprechen[22]).

10 Die Organologie der Mündigkeit und der Kampf
der Intelligenz für und gegen sich selbst

Die öffentliche Aufmerksamkeit, die die Aufklärung konstituiert, ist die Voraussetzung zur Errichtung dessen, was man
seither als *öffentliche Meinung* bezeichnet. Sie stellt eine Umwandlung der *doxa*, wie die Griechen sie entwickelten, durch
den Buchdruck dar. Die dem Zeitalter der Aufklärung eigene

Öffentlichkeit der Meinung ist das Ergebnis der *République des Lettres* – der gedruckten Bücher seit dem sechzehnten Jahrhundert, als sich die postalischen Kuriernetze etablierten. Mit Hilfe des Kurierwesens, durch das die Lektüre von Büchern aus Privatbibliotheken möglich wurde, gefolgt von Zeitungen und Zeitschriften, wurden nicht nur die aufgeklärten Monarchen und Philosophen, sondern auch all jene miteinander verbunden, die das »Publikum der Leserwelt« bildeten.

Foucault betont, daß Kant die *Aufklärung* als einen *historischen Prozeß* definiert, aus dem die Menschheitsentwicklung seither im wesentlichen besteht.[23] Diese Historizität ist jedoch die einer politischen, noetischen und ästhetischen *Organologie*, die Kant selbst als grundlegend für diesen Prozeß bezeichnete, ohne sie als solche zu denken. Die Organologie der Mündigkeit verläuft über die Sozialisation der Lektüre und der gedruckten Schrift. Foucault selbst hatte begonnen, sich für die Organologie des Geistes zu interessieren, als er sich den – handschriftlichen – »Techniken des Selbst« zuwandte.

Das Publikum der Leserwelt konstituiert die mündige Gesellschaft. Diese Gesellschaft, die sich, ausgelöst durch die nun möglich gewordene Zirkulation von Büchern, auf die Verbreitung der Praxis von Lektüre und Schreiben gründet, stellt einen neuen Typus der psychischen und kollektiven Individuation dar. In diesem Kontext konnte Diderot 1751 die *Enzyklopädie* veröffentlichen, die zugleich ein neues Stadium der technischen Individuation einleitete. Und Kant schreibt 1798 an Friedrich Nicolai:

> Die Buchmacherei ist kein unbedeutender Erwerbszweig in einem der Kultur nach schon weit fortgeschrittenen gemeinen Wesen: wo die Leserei zum beinahe unentbehrlichen und allgemeinen Bedürfnis geworden ist.[24]

Eine solche Entwicklung der *Organologie der Intelligenz* erfordert eine neue soziale Organisation; die Institution der Schule beginnt nun, den Entwicklungsprozeß der Gesellschaft zu übernehmen. Dieser Prozeß führte zu Condorcets Entwurf der »Nationalerziehung«[25] und über ein Jahrhundert nach Kants Schrift tatsächlich zur *Institutionalisierung* der öffentlichen Schulpflicht als einer *systematischen Verinnerlichung einer Aufmerksamkeitsform* über eine aufklärerische Technik der Aufmerksamkeitsvereinnahmung. Nach Jules Ferry[26] spiegelte sich darin ebenso der Ausgang aus der Unmündigkeit wie in der kollektiven Äußerung der öffentlichen Meinung mittels der demokratischen Abstimmung.

Die »Schlacht für die Intelligenz«, aus der die Menschheitsgeschichte besteht, ist die Geschichte der Psychotechniken, die, zu Nootechniken geworden, die psychischen und sozialen Apparate verwandeln. Sie ist ein psychischer, kollektiver und technischer Individuationsprozeß. Eine *zeitgenössische* Geschichte dieser Schlacht, die erstmalig auch hinsichtlich ihres ökonomischen Einsatzes definiert, ist[27] kann ohne Rückgriff auf diese ältere Geschichte nicht geschrieben werden. Nur dadurch vermag sie sich Klarheit zu verschaffen über die Spezifizierungen der ursprünglichen Eigenschaften der Techniken und Technologien, mit deren Hilfe diese Schlacht zu Beginn des 21. Jahrhunderts geführt wird.

Die unterschiedlichen Formen der Aufmerksamkeit, die die Geschichte dieser Schlacht und Eroberung der Intelligenz prägen, verlaufen stets über *pharmaka*, die die Aufmerksamkeit auf der einen Seite ausstatten und anreichern können, die sie aber auf der anderen Seite auch entfremden, zerstören oder unfruchtbar machen können, indem sie ihre Bestimmung zur Mündigkeit vernichten. Aus genau diesem Grund muß die

Intelligenz eine Schlacht *für* die Intelligenz führen: Die Intelligenz muß für sich selbst kämpfen und vielleicht auch gegen das, was an ihr selbst dumm ist.

11 Die Psychomacht der Dummheit und die Industriepolitik der Intelligenz

Wer eine »Schlacht für die Intelligenz« führen will, muß drei Vorfragen klären.

1. Zunächst muß man das eigene Verständnis von Intelligenz befragen. Man bezeichnet das als Reflexivität. Man muß reflektieren, um ein wahres Verständnis von Intelligenz zu erhalten, darüber, was man im Augenblick der Reflexion tut, insofern man selbst eine individuelle Intelligenz innerhalb eines Prozesses ist, der die kollektive Intelligenz bildet. Das Verständnis von Intelligenz ist deshalb erforderlich, weil es, wie Kant zeigt, eine Geschichte der Intelligenz gibt, welche zur *Intelligenz führt*. Nach meiner Hypothese ist diese Geschichte organologisch, und ein Verständnis dessen, was Intelligenz ist, setzt eine *organologische Intelligenz* voraus.

2. Sodann muß man *wissen, wozu* man eine *Schlacht* für die Intelligenz führen muß. Weshalb kann man nicht einfach intelligent »sein«? Diese Frage kann auf ganz unterschiedliche Arten ausgelegt werden. Die erste bestimmt den Diskurs von François Fillon, wenn er sagt, die Intelligenz sei zu einem wesentlichen Unterpfand für die ökonomische Auseinandersetzung geworden. Bacon behauptete dies bereits über die Macht im allgemeinen, das heißt über den Kampf um die politische Macht im besonderen. Das gilt ebenso für

die aktuelle Macht von Präsident Sarkozy, seinem Premierminister und für die Schlacht, die sie führen: *Knowledge is power*. Im Kontext des 21. Jahrhunderts handelt es sich dabei jedoch zunächst um die *ökonomische* Macht.

Bleibt noch zu wissen, wofür man in dieser *ökonomischen Schlacht* kämpft, die *auch* die der Intelligenz ist, die wohl für eine solche *gehalten* und mit den Mitteln der Intelligenz geführt wird, die aber gewiß nicht dasselbe ist wie die Schlacht für die Intelligenz, sondern zuweilen auch deren *vollkommenes Gegenteil*. Sie dürfte im Prinzip tatsächlich nur ein »Mittel« zur Erreichung dieses Zwecks, der Intelligenz, sein. Nun scheint sich in dieser Schlacht eine Tendenz zur Umkehrung abzuzeichnen, in der das, was nur ein »Mittel« sein sollte, zu einem Zweck wird. Es zeigt sich, daß das, was als ökonomische Schlacht *für* die Intelligenz und *mittels* der Intelligenz galt, inzwischen geradewegs die Dummheit hervorbringt – die Zerstörung von Aufmerksamkeit, Verantwortungslosigkeit, Rücksichtslosigkeit und »den Nullpunkt des Denkens«[28].

Vielleicht sollte man dieses Konzept von »Mitteln« mitsamt seiner Entgegensetzung von Mittel und Zweck *durch ein Denken in Begriffen von Milieus* ersetzen – durch ein Denken der *Ökologie der Zwecke*. Tatsächlich ist ein Milieu, das kein Zweck ist, auch kein Mittel mehr zum Zweck. Es *bringt Zwecke hervor*, die es selbst nicht ist: Durch das Milieu, mit dem Milieu, innerhalb des Milieus werden Zwecke bei denen hervorgebracht, die *Wünsche* haben. Und das *technische* Milieu ist auch nicht in höherem Maße Mittel als das *symbolische* Milieu: Es ist die Lebenswelt des Geistes und bringt das symbolische Milieu und die psychische wie die kollektive Individuation hervor. Der Geist, das Transindividuelle, kann sich darin entwickeln, aber auch darin ersticken, weil jedes technische Milieu toxisch werden kann.

Eine organologische Geschichte der Intelligenz muß es schon deshalb geben, weil es auch historische und organologische Formen der Dummheit gibt. Und tatsächlich ist es sehr wohl Zweck der Intelligenz, gegen die Dummheit zu kämpfen. Dazu aber muß man die organologischen Formen der Dummheit bedenken, die unsere Gegenwart beherrschen. Und hier gilt es zunächst, die metaphysische Dummheit zu überwinden, die darin besteht, zu glauben, die Technik sei ein Mittel im Dienst eines außerhalb der Technik liegenden Zwecks. Es ist die Dummheit, die uns zum Denken bewegt, uns zum Denken zwingt, wie Deleuze schreibt, und diese Dummheit steht in einer grundlegenden Beziehung zur Scham – zu der Scham, ein Mensch zu sein. Diese Scham jedoch und das Denken, das sie hervorruft, sind durch die psychotechnischen und damit symbolischen Milieus bestimmt.[29]

Ich schäme mich der Dummheit, und diese Scham führt mich zum Denken: Sie läßt mich auf eine spezifische Weise *aufmerksam* werden, die sich Denken nennt und eine Kraft freisetzt, die unter bestimmten Einschränkungen dem ähnelt, was Kant als das moralische Gesetz bezeichnet. Die Dummheit kann mich jedoch nur zwingen, mich zu schämen, und mich dazu führen, ein Verständnis dieser Dummheit zu erlangen, weil ich weiß, daß sie zunächst *meine eigene* ist. Die Dummheit kann mich nur berühren, weil sie mich daran erinnert, daß auch ich (organologisch) dumm bin und daß auch für mich gilt, was die Kinder in ihrer unmündigen, aber alles andere als dummen Sprache mit dem Satz ausdrücken: »Was man sagt, das ist man selber.«

Mit anderen Worten, bevor man sich fragt, wie man gegen andere Formen der Intelligenz ankämpft, die sich im Rahmen des Wirtschaftskrieges in anderen Ländern, etwa in Asien, den USA, Saudi-Arabien, Abu Dhabi oder anderswo entwickeln, sollte man damit beginnen, *gegen seinen eigenen Mangel an Intelligenz – an Einsicht – zu kämpfen* (die Dummheit in ihr zu erkennen[30]).

Die »Schlacht für die Intelligenz« beginnt als Schlacht um die eigene Intelligenz. Wie kann man intelligent sein, noch intelligenter sein, oder zumindest ebensosehr wie die bereits überaus Intelligenten, die »jung, begabt und schrecklich motiviert sind«, wie François Fillon in seiner Regierungserklärung sagt? Sie beginnt damit, daß man seine eigene Intelligenz steigert – was man auch als *erhöhen* bezeichnet –, aber auch damit, das allgemeine Niveau der Intelligenz zu erhöhen, indem man zum Beispiel seine Kinder *fördert*. Und sie beginnt damit, daß man die Eltern mündig macht, wie Kant gesagt hat; als mündig erweisen sie sich aber nicht zuletzt dann, wenn sie die Mündigkeit von der Unmündigkeit zu unterscheiden wissen – *in Anbetracht der Unmündigkeit ihrer Kinder, die historisch und demzufolge organologisch auf dem Weg zur Mündigkeit sind.*

3. All das führt uns zu der Klärung der letzten Vorfrage: Die Schlacht für die Intelligenz als eine Schlacht für die Intelligenztechnologien ist unerläßlich, damit die Psychotechniken, die Dummheit produzieren, weil sie die Aufmerksamkeit zerstören, zu Technologien für die Entwicklung einer individuellen und kollektiven Intelligenz werden. Das setzt die Schaffung eines politischen Apparats voraus, der die sozialen Apparate (wirtschaftlicher, juristischer, pädagogischer, wissenschaftlicher, künstlerischer und kultureller Na-

tur, aber auch der Medizin, der sozialen Absicherung, der inneren und äußeren Sicherheit usw.) aufeinander abstimmt und entsprechend der instrumentellen Bedingungen, die den Psychotechnologien der Aufmerksamkeitsvereinnahmung unserer Epoche zu eigen sind, neu anordnet.

12 Psychotechnologien der Dummheit und die neue Entwicklung von Mündigkeit

Die Waffen im Krieg des Geistes, die sich noch in der Entwicklung befinden, konkretisieren sich heute als kulturelle und kognitive Technologien. Sie sind durch die Veränderungen begründet, welche die Digitalisierung hervorruft. Heutzutage für die Intelligenz zu kämpfen heißt auch, daß man um die Industriepolitik[31] dieser Technologien kämpft. Diese Politik ist zugleich eine Politik der Aufmerksamkeitsformierung und demzufolge der *Intelligenz der Mündigkeit*, als öffentlicher Gebrauch seiner eigenen Vernunft, »den jemand als Gelehrter [...] vor dem ganzen Publikum der Leserwelt macht«.
Man muß diese Politik jedoch unter Berücksichtung der Tatsache führen, daß Lektüre und Schriftlichkeit nicht mehr das sind, was sie einst waren. Sie sind digital, hypermedial und gemeinschaftlich geworden. Sie verabschieden folglich das industrielle Modell, das auf dem Gegensatz von Produzent und Konsument beruhte (und im übrigen die Kluft zwischen Profis und Amateuren überbetonte). Produzent und Konsument sind von der Industrialisierung eingeführte historische Figuren, deren Grundlage die *Werkzeugmaschine* als Epochenabschnitt der Grammatisierung war.[32] Die Technologien der sogenannten Neuen Medien, die diesen Gegensatz in Frage stellen, bilden

den Kernpunkt der hyperindustrialisierten Gesellschaften, das heißt der (zu einem Kulturkapitalismus gewordenen) industriellen Ökonomie. Und sie ordnen die Beziehungen zwischen den Generationen neu, wobei es letztendlich diese *intergenerationelle Beziehung* ist, die *die Intelligenz als Aufmerksamkeit erzeugendes Zusammenspiel von Retentionen und Protentionen* konstituiert.

Für die Entwicklung von Technologien zu kämpfen setzt ein Verständnis für diese voraus und ein Verständnis für die Intelligenz in ihrem Verhältnis zur Technologie – welche im Augenblick die Beziehungen zwischen den Generationen rekonfiguriert. Die für die Formierung einer individuellen und kollektiven Intelligenz erforderlichen organologischen Bedingungen sind im Begriff, sich radikal zu verändern, wenn man sich darauf verständigt, daß individuelle Intelligenz niemals nur individuell ist: *Eine individuelle Intelligenz gibt es nicht.*

Wenn Mündigkeit darin besteht, selbst zu denken, existiert dieses Denken nur als Denken vor einem lesenden Publikum (die einzig mögliche Grundlage für eine demokratische Mündigkeit), als eine Zirkulation des Denkens, das sich stets selbst übersteigt, das ein Denken für den anderen und vom anderen Denkenden her ist. Insofern sind Denken und Intelligenz immer schon kollektiv: ein Individuationsprozeß, der einer metastabilisierenden Ko-Individuation des Transindividuellen entspricht, in der die Intelligenz – als ein *interlegere* – ein organologisches Milieu bildet, welches die Unmündigen und die Mündigen, die Eltern und Kinder, die Vorfahren und Nachkommen, die Generationen, zwischen denen der Geist waltet – *pneuma, ruah, spiritus* –, miteinander verbindet.

Intelligenz vermittelt Wissen, und die Schlacht für die Intelligenz wird heute gern als Schlacht der Wissensindustrien und

Wissensgesellschaften bezeichnet. Auch eine solche Gesellschaft setzt jedoch soziale Intelligenz voraus, in der man *in gutem Einverständnis leben* kann. Intelligenz bedeutet Übereinkunft, und im Hinblick darauf stellt sich die politische und ökonomische Frage nach der Aneignung und Kontrolle der Technologien der Intelligenz, wie sie sich zur Zeit präsentieren. In der Weise, wie sie als Herrschaftsmittel zur Kontrolle des kollektiven Verhaltens fungieren, muß man sie letztlich als *Technologien der Dummheit* bezeichnen. Sie zielen darauf, das kollektive Verhalten in einer strukturellen Unmündigkeit zu erhalten, sie zielen auf eine Vergiftung durch die *pharmaka*, die als *hypomnemata* im Dienste nicht nur der Wiedererinnerung, sondern eben auch des schlechten Gedächtnisses stehen und die in der Transindividuation nicht nur weite Kreise ziehen, sondern auch zu Kurzschlüssen führen.[33]

Heutzutage sind hypomnetische Formen wie die Psychotechnologien zum Kernstück des industriellen Systems geworden. Sie stehen im Begriff, durch somatische Technologien (wie die Mikrotechnologien) ergänzt zu werden, welche die Struktur des Körpers zu modifizieren beginnen. In anderer Weise gilt das auch für die Reproduktionstechnologien zur künstlichen Befruchtung, zur Erfindung neuer Körperformen und Lebewesen, für das Klonen etc. Die Frage nach der Intelligenz ist mehr denn je eine Frage nach unserem Verständnis der *pharmaka* geworden und danach, wie wir als essentiell pharmakologische Wesen in diesem neuen Kontext für uns selbst und andere Sorge tragen können.[34]

Die Intelligenz entspricht zunächst einer Sorge, die sich um die *pharmaka* und mit diesen um die pervertierenden Effekte der *pharmaka* sorgt. In einer Gesellschaft intelligent zu leben bedeutet, sich um das Soziale in der Weise zu sorgen, daß das

Soziale auch einer Sorge um das Individuelle entspricht. Es gilt, beidem zum Ausdruck zu verhelfen und ihren scheinbaren Widerspruch mittels einer *Politik der pharmaka* zu überwinden. Gegenwärtig geschieht dies durch eine Industriepolitik der Psychotechnologien, die eine faktische ökonomische Macht darstellen, der man jedoch zur Befruchtung eine Psychopolitik des Rechts auferlegen muß, um eine wirkliche Ökologie zu erzeugen – eine *Ökologie des Geistes*.

Es ist nicht *unausweichlich*, daß das Marketing sich die Zeit der jugendlichen Hirne aneignet, diese monopolisiert und sie systematisch so weitgehend ihres Bewußtseins beraubt, daß ihre Erziehung zum Teil unmöglich geworden ist. Es ist gerade nicht *unausweichlich*, daß erwachsene Hirne, die denselben Bedingungen unterworfen sind, dadurch ihrer Verantwortlichkeit beraubt werden und damit ihrer Fähigkeit, sich diesem Tatbestand zu widersetzen. Daß die Vereinigten Staaten so massiv unter ADS leiden, daß die Otaku-Kinder in Japan die Millionengrenze erreicht haben, daß China gegen die Nebenwirkungen der Videospiele Maßnahmen ergreifen mußte, all das hängt vom selben System der Psychotechnologien ab, die eine globale Psychomacht entwickelt haben.

Dieses globale System verbreitet sich in allen Generationen, vor allem aber bei den Kindern und Jugendlichen der gesamten Welt, die miteinander über ein Netzwerk kommunizieren, das nicht mehr postalisch und national, sondern elektronisch und global ist. Wir sind damit auf dem Sprung in eine für die Zukunft außerordentlich gefährliche symbolische Misere, die allgemeine Verantwortungslosigkeit zu einer Zeit erzeugt, die der Verantwortung mehr denn je bedarf, die jedoch zugleich die pharmakologische und organologische Voraussetzung für eine neue individuelle und kollektive Intelligenz, das heißt für eine neue Mündigkeit und Kritikfähigkeit, bildet. Will man eine »Schlacht für die Intelligenz« führen, hat sie folgendermaßen zu beginnen: Es gilt, die *Bildung organologisch zu reformieren* – die psychosoziale Aufmerksamkeit im Zeitalter der globalisierten Psychotechnologien und Psychomacht wiederherzustellen.

3 Mysterien und Triebe von der Aufklärung bis zur Psychomacht

13 Psychotechniken und Mystagogie der pharmakologischen Seelen (die Intelligenz in ihrer Gesamtheit)

In erster Linie und weit vor den Psychotechnologien sind es die Psychotechniken und die Techniken der Aufmerksamkeitsvereinnahmung im allgemeinen, die in den Dienst der Aufrechterhaltung einer erwachsenen Unmündigkeit gestellt werden können. Zunächst aber betreffen diese Techniken freilich nicht die Erwachsenen, sondern die Kinder, an die sie sich seit jeher wenden in Form von Wiegenliedern und Abzählversen, von Märchen und Geschichten zum Hören, von Büchern und Comics und heutzutage von Jugendsendungen, DVDs und Videospielen.

Dabei kommt es stets darauf an, die Aufmerksamkeit zu vereinnahmen und zu behalten, also darauf, *Retentionen zu produzieren*. Auch Körpertechniken wie der Tanz, der Ritus, die Praktiken der Körperbeherrschung wie Gymnastik, Sport und Wandern, die dem entspringen, was die Griechen mit *epimeleia* (Selbstsorge) bezeichneten, sind individuelle oder kollektive Psychotechniken zur Kanalisierung und bisweilen auch zur Bezauberung der Aufmerksamkeit.[1]

Solche Techniken entwickelte keineswegs nur die Aufklärung; sie haben sich überwiegend aus mystagogischen Praktiken, wenn nicht gar aus aufklärungsfeindlichen Einstellungen heraus ergeben. Man sollte hier betonen, wie selten die Aufmerksamkeitsvereinnahmung zum Zweck der Errichtung einer *kri-*

tischen Mündigkeit ist. In der Antike beschränkte sie sich zunächst auf die freien Bürger der Polis; als kritische Mündigkeit, die ein *Wir* als *Alle* konstituierte, wurde sie von der Aufklärung postuliert, tatsächlich erst nach der Französischen Revolution umgesetzt, als die öffentliche Erziehung, die die moderne Gesellschaft begründete, sich zu verbreiten begann.

In den meisten Fällen zielen diese Techniken darauf ab, die Aufmerksamkeit zu kontrollieren, jedoch nicht, um den Mut und den Willen zum Wissen zu erwecken, sondern im Gegenteil dazu, den Zustand der erwachsenen Unmündigkeit aufrechtzuerhalten:

> Daß der bei weitem größte Teil der Menschen [...] den Schritt zur Mündigkeit, außer dem, daß er beschwerlich ist, auch für sehr gefährlich halte, dafür sorgen schon jene Vormünder, die die Oberaufsicht über sie gütigst auf sich genommen haben. Nachdem sie ihr Hausvieh zuerst dumm gemacht haben und sorgfältig verhüteten, daß diese ruhigen Geschöpfe ja keinen Schritt außer dem Gängelwagen, darin sie sie einsperreten, wagen durften, so zeigen sie ihnen nachher die Gefahr, die ihnen drohet, wenn sie es versuchen, allein zu gehen.[2]

In der *Politeia* eifert Platon gegen die poetischen Techniken des Geschichtenerzählens, die die Aöden und Rhapsoden anwenden – diese wendeten sich an die Seelen der Bürger, als seien sie Kinder, und schadeten deshalb der Bildung eines Geistes für die Philosophie. Unter diesem Vorzeichen ging Platon daran, den mehr oder minder mystagogischen Geschichten (und Mythen) der Vorsokratiker mit Hilfe der Dialektik ein Ende zu bereiten (abgesehen davon, daß es auch darum ging, sich jener Sorte von Wundertätern zu entledigen, die die Sophisten darstellten).[3] Andererseits hielt Platon diese Techniken jedoch für eine unerläßliche Voraussetzung zum Regieren der Polis – zu welchem Geschäft er ebenjene Philosophen vorsah, die sich selbst vor ihnen zu schützen wußten und zu den Ideen voranzuschreiten vermochten, um auf deren Grundlage – als »Hüter des Seins«, wie Heidegger sagt – die politischen Angelegenheiten zu ordnen. Sie sind deshalb unerläßlich, so Platon, weil sie es etwa durch Musik und Choreographie ermöglichen, die *diachronischen* (und vielfältigen) Strömungen des Körpers und der Seele zu synchronisieren, die die Polis bilden.

Peter Sloterdijk nimmt diesen Gedanken – unter Berufung auf Platons *Politeia* – wieder auf, um ihn als ein Ensemble von »Regeln« zur Führung des »Menschenparks« zu beschreiben.[4] Allerdings scheint Sloterdijk die Tatsache zu vernachlässigen, daß es in unserer Zeit keine Notwendigkeit mehr für eine Anleitung durch Vormünder gibt und daß solch eine Anleitung nicht mehr politisch ist. Die öffentliche Aufmerksamkeitsvereinnahmung wird durch Dienstleistungsfirmen, Kulturindustrien und Programme realisiert, die die individuellen Bewegungen zu einem Massenverhalten synchronisieren, wobei die *Beweggründe* aufgrund von *Busineßplänen* festgelegt werden. Mir scheint, mit anderen Worten, daß Sloterdijk die Eigenart und Neuigkeit der Psychomacht nicht berücksichtigt hat.

Die Dienstleistungsfirmen dieser Psychomacht verkaufen nichts mehr an die Seelen, die deshalb auch nichts mehr zu bezahlen brauchen: Die betreffenden Seelen »geben sich« diesen Firmen »hin«, oder anders gesagt: Die Firmen *vereinnahmen* und *fangen* sie *ein* als Zeit verfügbarer Hirne ohne Bewußtsein, die auf ihre Mündigkeit verzichtet haben. Zugleich werden die unmündigen Kinder, die das gesetzliche Alter der Verantwortlichkeit noch nicht erreicht haben, dadurch vor dem Gesetz – das heißt vor dem »Es« – vorzeitig mündig. All das wird verursacht durch die unserer Seele innewohnende Faulheit und Feigheit, fehlbar und pharmakologisch, wie wir sind.

Von dieser Art ist die schwierige Frage nach den Techniken als *pharmaka* und Sorge-Systemen, die – wie die Philosophie von Platon bis Kant und weit darüber hinaus zeigt – der Aufforderung zur Mündigkeit unablässig neuen Atem verleiht. Allerdings ist hier folgende Tatsache zu bedenken: *Pharmakologische Seelen*, wie menschliche Wesen es sind, werden sich niemals mit dem Zustand der Domestizierung zufriedengeben, in den die von Peter Sloterdijk so bezeichneten »Anthropotechniken« münden würden. Vielmehr haben sie immer einer Phantasie bedurft, die dieser Kontrolle entkommen will und die im dunklen Bereich der Mysterien ruht, am Grunde der *Krypten*, wo, wie Heraklit[5] sagt, die *physis* (das heißt dem Mystagogen Heidegger zufolge das Sein) es liebt (*philein*), sich zu verbergen (*kryptesthai*), und wo es folglich Licht oder Feuer oder zumindest eine gewisse *Hitze* gibt – ebenjene, bei der Heraklit sein Weltgesetz ansiedeln will.

Um es anders auszudrücken, jenseits oder außerhalb der Aufklärung zur Mündigkeit gibt es rätselhaftere, aber nicht weniger notwendige Triebfedern, welche das Unbewußte zu einer Krypta verschlüsseln – und auch das Es, welches das Ich (als Motor der Verdrängung und somit des Gehorsams) und das Unbewußte (das dem Ich dennoch sämtliche Motive zum Handeln verleiht) miteinander vereint. Diese Triebfedern sind es auch, die die *Kultur*, das heißt die Kulte in jeder mystagogischen Form (und sei sie noch so republikanisch), stets mit der *Aufklärung* als der Kritik dieser Mystagogie verbinden. Diese Einheit bezeichnet Mendelssohn als *Bildung*; ich spreche von Aufmerksamkeitsformierung, die hier einer *Erwartung*, einer kritischen Erwartung, entspricht. Und ich behaupte, daß sich keine Aufmerksamkeit dieser Art ohne pharmakologische Kunstgriffe formieren läßt.

Die Sozialpraktiken der Aufmerksamkeitsvereinnahmung sind *immer* mehr oder minder mystagogisch. Das gilt sogar für die Philosophie. Sie ist aus der Dialektik als einer Technik der Aufmerksamkeitsvereinnahmung hervorgegangen, die das Transindividuelle über eine mäeutische Operation extrahiert, die »die Seele betäubt«[6] und auf diese Weise die kollektive Retention, die *anamnesis*[7], entbindet. Zwar nimmt also die Philosophie (ebenso wie die existenziale Daseinsanalytik Heideggers, die die Frage nach der »ontologischen Differenz« und der »Seinsgeschichte« aufwirft) vom analytischen, das heißt kritischen Denken ihren Ausgang, kommt jedoch ebensowenig wie die präphilosophischen Sozialpraktiken ohne das Mystagogische aus, weil jede Kritik in einer Ökonomie des *Wünschens* wurzelt, deren *Objekt in sich mysteriös* ist – und nur in diesem (maßlosen, unmeßbaren) Maß begehrenswert. Dies ist das Thema von Platons *Symposion*.

Diese Struktur des Wünschens und seiner Ökonomie ermöglicht – *und zwar über einen anderen Zugang als die Kritik* – ebenso die soziale Kontrolle im allgemeinen wie die psychische und kollektive Individuation dieser pharmakologischen Seelen. Dies ist der Zugang der *Kultur*, von der Mendelssohn behauptet, eine Nation erlange sie »durch gesellschaftlichen Handel, die Poesie und die Rhetorik«[8]. Sie ist auch der Ursprung dessen, was Freud als »Traumsprache der Mythen« bezeichnet, als Phantasien der Imagination, die auch am Ursprung der Wissenschaft stehen und die die *Intelligenz in ihrer Gesamtheit* formen, das »Leben in gutem Einverständnis«, das *interlegere*. Deshalb ist *das pharmakologische Wesen nicht dauerhaft domestizierbar*. Seines Zugangs zu dieser Phantasie beraubt, würde es unweigerlich verrohen, verwildern.

Beim Einsatz der mystagogischen Psychotechniken zur Aufmerksamkeitsvereinnahmung sind immer schon *Tendenzen zur Erhöhung* am Werk. Es war die Romantik, die sie entdeckte und gegen Kant geltend machte. Aus diesem Grund unterstützen die mystagogischen und pharmakologischen Kräfte keineswegs bloß die Domestizierung. Im Gegenteil. Das Erbe dieser aus Kulten und anderen Mysterien hervorgegangenen *Kultur* nährt zugleich einen Wunsch nach Erhöhung:

> Die Menschen arbeiten sich von selbst nach und nach aus der Rohigkeit heraus, wenn man nur nicht absichtlich künstelt, um sie darin zu erhalten.[9]

Nur wenn man dieses Erbe instrumentalisiert, zum Beispiel als Pseudoidentität, erhält man die Menschen im Zustand der Roheit.

Ich glaube nicht nur wie Kant, daß jeder Mensch, sofern man ihn nicht mit allen Kräften auf seine Faulheit und Feigheit verpflichtet, mündig werden *möchte*, sondern auch, daß die Zukunft der Menschheit zu einem Zeitpunkt, an dem der von ihr bewohnte Planet durch ihre *pharmaka* vergiftet wird, nur über die Mündigkeit *aller* verläuft, über die kritische Mehrheit, die durch die Entwicklung der Verantwortlichkeit als einzig konkreter Form der Intelligenz politisch und ökonomisch mündig geworden ist.

Und ich glaube weiter mit Kant, daß sogar im Zeitalter der Psychomacht, in dem die Vormünder nicht mehr das sind, was sie einst waren,

> [...] sich immer einige Selbstdenkende, sogar unter den eingesetzten Vormündern des großen Haufens finden, welche, nachdem sie das Joch der Unmündigkeit selbst abgeworfen haben, den Geist einer vernünftigen Schätzung des eigenen Werts und des Berufs jedes Menschen, selbst zu denken, um sich verbreiten werden.[10]

Sie sind es, die man zu Zeiten Kants aufgeklärte Herrscher nannte. Die Mächtigen selbst, die besten unter ihnen, die wahren Mächtigen, werden einer Macht überdrüssig, die ihre Untertanen (oder ihre Kunden) nur ohnmächtig macht und durch die sie selbst letztlich unmündige Mächtige, Ohn-Mächtige werden.

Wir befinden uns allerdings nicht im Zeitalter des aufgeklärten Absolutismus, sondern in dem der industriellen Demokratien. Es stellt sich weniger die Frage nach der Macht eines Despoten oder eines Oberhaupts eines säkularen, republikanischen und demokratischen Staats als vielmehr die Frage nach einer Psychomacht, die Psychotechnologien anwendet, welche keine Mystagogien entwickeln, *weil sie die Macht der Mysterien durch die Macht der Triebe ersetzt haben.*

14 Die Gestaltung des jugendlichen Nihilismus – das Zeitalter der Verantwortungslosen als Vollendung des Nihilismus

In den Zeiten der Kathodenleuchten lautet der Slogan des Fernsehsenders, der auf jugendliche Bewußtseinsträger zielt:

Canal J, das total überdrehte TV.

»Überdreht« zu sein bedeutet, ein wenig verrückt zu sein, bedeutet, ein Phantast zu sein, Grenzen zu überschreiten. Was dieser Kanal kanalisiert, ist der das Unbewußte anreizende Trieb. Er ist es auch, der die Überschreitung der Grenzen provoziert, die die symbolische Ordnung einfassen und deren Kenntnis die Erzieher – mit Hilfe der Mystagogie, des Dogmas oder der Kritik – übermitteln. Hier aber werden die Kräfte des Unbewußten zur Zerstörung des Es aufgestachelt, indem man das intergenerative Zusammenspiel kurzschließt, bei dem gerade die Übertretung die Errichtung des Es *und damit die Errichtung der Sorge*, ermöglicht. Vermutlich zum erstenmal überhaupt wird hier eine Psychotechnik der Aufmerksamkeit nicht in den Dienst der Sorge[11] gestellt, sondern auf offene und zynische Weise zu einer Praxis des *Was-schert-es-mich* aufgerufen.

Die Kampagne des *Canal J* zeugt von einem *vollendeten Nihilismus*[12] als Zustand des jugendlichen Geistes. Die vorzeitige Mündigmachung der minderjährigen Straftäter steht im Zusammenhang eines Autoritätsverlustes des Gesetzes, der nur aus diesem Nihilismus herrühren kann und zweifellos mit der systematischen Infantilisierung der Erwachsenen korreliert. Das vorzeitige Erwachsenwerden der Kinder ist der spiegelbildliche Effekt einer Unmündigkeit ihrer Eltern, die auch den *Verlust ihres Vorbildcharakters* beinhaltet. All das konstituiert eine asymptotische Tendenz zur Ausbildung *einer psychischen wie sozialen Unfähigkeit, Verantwortlichkeit, das heißt Mündigkeit, zu erlangen*. Das neue Gesetz zur jugendlichen Delinquenz, das diese beklagenswerte Tatsache in eherne Gesetzestafeln[13] meißelt, entspricht einer rechtlichen Anerkennung und folglich *Legitimation* der Tendenz zur Zerstörung des Unterschiedes zwischen Minderjährigkeit und Volljährigkeit.[14]

Die Gestaltung *des jugendlichen Nihilismus* bewirkt *unvermeidlich* eine Verschärfung jugendlicher Delinquenz. Darüber hinaus führt die korrelierende Regression der Erwachsenen in direkter Konsequenz zu einer *Verschärfung der Umweltprobleme* in weitestem Sinne, wobei die Delinquenz als eine Form der Zerstörung der sozialen Umwelt aufzufassen ist, die zumeist von einer Beschädigung des familiären Umfelds ausgeht.

Die Verantwortungslosigkeit sowohl jugendlicher wie auch erwachsener Konsumenten – wobei die ersteren immer häufiger als Verhaltensmodelle für letztere dienen –, beschädigt die familiäre und soziale Umwelt, indem sie die intergenerativen Bindungen zerstört und das Gesetz schwächt. Die Verantwortungslosigkeit beschädigt auch die natürliche Umwelt, indem sie eine Verschwendungs- und Wegwerfmentalität verbreitet: eine *Nicht-Bindung* an die Dinge, die die Welt bilden.[15]

Wie gesagt, stellt die Anwendung von Psychotechnologien durch die Psychomacht des Marketing, verursacht durch die Unterbrechung des Kreislaufs der primären Identifikation mit der älteren Generation und durch Vertauschung der Generationenabfolge, eine gewaltige historische Regression dar. Sie wird zudem bedingt durch die konstante, für sämtliche Umweltbelange bedrohliche Zunahme des Konsums, die das metastabile Gleichgewicht des menschlichen Ökosystems zerstört. Das gilt für den psychischen Apparat von Kindern bis hin zum Klimasystem, die durch die weltbildenden *pharmaka* aller Art eng miteinander verbunden sind. Diese Regression wird zu Unrecht mit »Wachstum« in Verbindung gebracht, gemäß einer Ideologie, die nur an das glaubt, was wächst und sich vergrößert, während die sich ausbreitende Verantwortungslosigkeit zu der Herabsetzung und Verkleinerung dessen führt, was wirklich groß ist – nämlich der Geist, dessen moderne Form das kritische Bewußtsein ist.[16]

Der Unverantwortliche pfeift auf die Konsequenzen seines Handelns, die ihm zugleich gar nicht bewußt werden. Er ist nicht nur seines *kritischen* Bewußtseins beraubt, er hat überhaupt kein Bewußtsein mehr, sondern nur noch ein Gehirn: Als Konsumenten sind wir systematisch damit beschäftigt, bewußtlos zu werden, das heißt, mit einem *Was-schert-es-mich* darauf zu pfeifen, wie es um die Konsequenzen unseres Verhaltens bestellt ist in Zeiten der strukturellen Gleichgültigkeit, die das Kurzlebige begünstigt und das Langlebige verachtet. Das Langlebige kann dabei *die lange Reihe der Vorfahren* sein, als Autorität des (von Göttern oder Menschen gegründeten) Gesetzes, oder *die lange Reihe der Nachkommen* – das heißt eines Wachstums, das die Vielfalt schafft – als Verantwortung, die die Erzeuger bis ans Ende aller Zeiten ihren Abkömmlingen schulden und weitergeben.

In seinem Buch *Das Prinzip Verantwortung* stellt Hans Jonas erstmals auf philosophischer Ebene die Frage nach der Verantwortung, die wir den kommenden Generationen im spezifischen Kontext der industrialisierten Welt schulden. Ich bin jedoch der Auffassung, daß ein Diskurs, der auf dem beruht, was Jonas als »Heuristik der Furcht« bezeichnet, nicht in der Lage ist, eine neue soziale Organisation der Aufmerksamkeit und der Sorge hervorzubringen.

Die Notwendigkeit eines Bewußtseins für die Gefahr leuchtet ein. Es ist aber ebenso offensichtlich, daß das nicht genügt: Dieses Bewußtsein sollte zunächst wissen, *was ihm am Herzen liegt*, was also von dieser Gefahr bedroht wird. Es kann sich nicht durch Furcht konstituieren.[17] Die von Heidegger geschmiedete Fundamentalontologie der *Sorge*, die Jonas' Analysen streckenweise inspiriert hat, ignoriert jedoch die Frage nach dem *Wünschen* gänzlich. Und außerhalb des Wunsches ist es unmöglich, eine Aufmerksamkeit als Sorge zu formieren, wenn es zutrifft, daß der *Gegenstand der Aufmerksamkeit* zunächst ein *Objekt des Begehrens* ist.

Die Straftaten in zunehmend jugendlicherem Alter sind eine Erkrankung des Wünschens, in der sich der Nihilismus erfüllt. Sie wird durch eine Beschädigung der sozialen Ordnung verursacht, die dem Gesetz des Konsums unterworfen ist, welches die Eltern antreibt, ihre Familien den zerstörerischen Einflüssen der Aufmerksamkeitsvereinnahmung auszuliefern, indem sie sich ihnen selbst ausliefern, was auf ihre weitgehenden Abdankung hinausläuft, und zwar – bedauerlicherweise – weit über die Grenzen jener Stadtviertel hinaus, die seltsamerweise als »sensibel« bezeichnet werden. Eine solche Gestaltung steht in unmittelbarem Widerspruch zu der verantwortlichen Aufmerksamkeit, die eine Generation derjenigen zu widmen vermag, die dazu vorgesehen ist, ihr in der Vermittlung dieser Aufmerksamkeit zu folgen. Das heißt, sie steht in Widerspruch zur Verantwortlichkeit überhaupt, und dies *in einer um so perverseren Form, als sie diese Verantwortung dadurch Lügen straft, daß sie sich ihr Verhalten durch die ihr nachfolgende Generation vorschreiben läßt.*

Das Gesetz zur vorzeitigen Mündigkeit minderjähriger Straftäter kann rechtlich nur die langjährige Freiheitsstrafe sanktionieren – eine Strafe, die Jonas zu Recht beunruhigt, obwohl er sie nicht als das Problem einer *Zeitlichkeit des Besorgens,* wie Heidegger es nennt, auffaßt. Nur innerhalb dieser Zeitlichkeit kann sich eine *Sorge* entwickeln (die Sorge um etwas, das *mit* der Zeit und *als* Zeit alle Zeit hinter sich läßt und insofern die von Heidegger als »hermeneutischen Zirkel« bezeichnete Mystagogie erfordert).

Was jedoch die Heideggersche Mystagogie ausschließt und was Jonas aufgrund seiner dogmatischen Ausrichtung an der »ontologischen Differenz« nicht denken konnte, ist, daß die Zeitlichkeit des Bewußtseins und darüber hinaus die Zeitlichkeit der Existenz, in der sich ein derartiges Bewußtsein als kritisches Bewußtsein, als Mündigkeit, entwickelt, organologisch durch Psychotechniken entfaltet wird. Wir werden sehen, daß dieser Ausschluß einer Einstellung folgt, die mit Platon ihren Anfang nimmt, wenn er die Erkenntnis (als *gnothi seauton*) der *Sorge* (als *epimelesthai seautou*) vorzieht.

Der organologische Entwurf der Psychotechniken, mit deren Hilfe es möglich ist, sowohl für sich und andere Sorge zu tragen als auch sich verführen zu lassen und die anderen in der Unmündigkeit zu erhalten, wird von Jonas nirgendwo berücksichtigt, was ihn daran hindert, sich der *Genese der Verantwortungslosigkeit* bewußt zu werden, die sich bei seiner Fragestellung, dem »Prinzip Verantwortung«, eigentlich aufdrängt. Zugleich wiederholt Jonas die Haltung, mit deren Hilfe Heidegger die Technizität des Menschen zum Prinzip seines Niedergangs macht. Jonas vernachlässigt damit auch das berühmte Hölderlin-Zitat Heideggers, dem zufolge die Gefahr zu einem Prinzip des »Rettenden« wird (eine Fragestellung, von der ich mittlerweile glaube, daß Heideggers Philosophie ihr nie die Stirn hat bieten können).

Ich habe in diesem Kapitel aufzuzeigen versucht, daß in der modernen Welt, mit der sich Jonas beschäftigt, die Verantwortung jenem Zeitalter der Aufmerksamkeit entspricht, das Kant als Mündigkeit bezeichnet. Diese Errungenschaft ist nicht nur ein simpler psychischer Prozeß, auch wenn sie eine psychische Transformation der Individuen voraussetzt: Es handelt sich dabei um den *historischen* Prozeß der *Aufklärung*. Der Zugang zur Mündigkeit im Sinne Kants setzt die Bildung einer kritischen Aufmerksamkeit voraus, die das Gesetz anerkennt, jedoch als eine Krise, das heißt als einen evolutionären Prozeß, den man seit der *Aufklärung* und im 19. Jahrhundert auch als Fortschritt bezeichnet. Das bedeutet, daß die Mündigkeit als historische Epoche der Aufmerksamkeit den spezifischen Typus eines Sorge-Systems konstituiert, in dem das Gesetz zwar eine wesentliche Komponente ist, sich jedoch niemals selbst genügt. Denn die Autorität des Gesetzes, das man achten muß und das man nur insofern befolgt, als man es achtet, geht in der *modernen Epoche* von zwei Formen der Sorge zugleich aus:

1. Die Autorität des Gesetzes geht einmal von der Sorge aus, die Männer und Frauen *ungeachtet eines jeden geschriebenen Gesetzes* innerhalb des intergenerativen Rahmens, der sie als Nachkommen und Vorfahren verortet, füreinander zu tragen imstande sind. Dazu gehört im besonderen die Sorge, die Männer und Frauen für ihre Kinder zu tragen in der Lage sind – für ihre eigenen Kinder ebenso wie für *alle* Kinder, eben weil diese Kinder Kinder sind, das heißt strukturell unmündige Wesen. Ohne diese Sorge, die der Dauer geschuldet ist, verkörpert durch die Generationen als Folge von Geburten und Sterbefällen, ohne diese Sorge, die *nicht die der Mündigkeit* ist, von der Kant spricht, kann sich das Gesetz nicht als Autorität etablieren, der man gehorchen muß,[18] bleibt auch die Mündigkeit selbst nicht erreichbar. Diese Dimension der Sorge, deren Litanei der Monotheismus singt, ist auch jene, die Freud im Unbewußten entdeckte.

2. Die Autorität des Gesetzes geht weiterhin von der Sorge als Fähigkeit der Mündigkeit aus, das Gesetz aus demselben Grund zu kritisieren, aus dem sie es achtet, und die in ihrer Kritik auf mündige Weise Sorge trägt, um das Gesetz zu *verbessern*, was diesem zu einer neuen Art von Autorität verhilft: der *Modernität*, die im Sinne Kants wie in der Freudschen Theorie des Wunsches deren Einbeschreibung in den transindividuellen Prozeß voraussetzt, insofern dieser unabdingbar intergenerationell ist – und die das konfiguriert, was ich anderweitig als einen Konsistenzentwurf bezeichnet habe (durch die Unterscheidung zwischen dem Gesetz, das existiert, und dem Recht, das konsistent ist, jedoch

73

nicht existiert;[19] eine Struktur, die Verbindungen zu dem aufweist, was Heidegger als ontologische Differenz bezeichnet). Diese *kritische* Dimension der Sorge ist eine Epoche des Über-Ich, das Freud zufolge als unbewußte, im Ich angesiedelte Kraft der Verdrängung das Bewußtsein mit dem Unbewußten im *Es* verbindet.

Die Vollendung des *Nihilismus*, die zugleich der Zerstörung des Wünschens entspricht (welches Heidegger mit keinem Wort erwähnt, das jedoch bereits das Hauptanliegen Nietzsches war), entspricht der *simultanen* Liquidierung dieser beiden Dimensionen der Autorität – als der einzigen Form von Autorität, die noch von einer mündigen Verantwortlichkeit anerkannt werden kann und die sich ebendadurch als Autorität konstituiert. Diese Vollendung tritt ein, wenn der Entzauberungsprozeß der Moderne, den Max Weber beschrieben hat (und der schon Mendelssohn beunruhigte[20]), sein Ziel erreicht hat; das heißt, wenn es ihm nicht mehr gelingt, irgendeine Form von Begeisterung zu wecken. Nicht einmal mehr bei Kleinkindern, die durch die trieborientierten Psychotechniken, welche zunehmend systematischer auf sie abzielen, um sie in Vorschriftenträger ihrer Eltern zu verwandeln, vorzeitig gealtert sind.

15 Entzauberung als Sinnverlust des Wortes *Kritik* und die drei Beschränkungen der zeitgenössischen industriellen Entwicklung

Die Modernität der Aufklärung ist ein Prozeß der Rationalisierung, der, wie Weber zeigte, notwendigerweise auch ein Prozeß der Entzauberung ist, gegen die bereits der *Sturm und Drang* opponierte, wie auch Cyril Morana betont.[21] Max Weber hat die

»Sermone« von Benjamin Franklin, dem berühmten amerikanischen Vertreter der Aufklärung, der ebenfalls für die *Berlinische Monatsschrift* schrieb, analysiert, um aufzuzeigen, wie der Kapitalismus, der sich durch die Sozialisation des Calvinismus entwickelte, den Glauben in einen in sich kalkulierbaren und in diesem Sinne rationalisierbaren Kredit im Sinne von Glaubwürdigkeit transformierte. Dabei wird die Vernunft zur *ratio*[22] und ist kein *Beweggrund* mehr. In einem solchen Prozeß der Rationalisierung werden die Tradition und sämtliche ihr entsprungenen Dogmen, Autoritätspersonen und Werte umgekehrt; der aufgeklärte Monarch und mit ihm Gott sind »tot«.

Seitdem ist die Moderne weniger eine Kritik im Sinne der *kritischen Sorge*, die die ererbten dogmatischen Grundlagen dem Urteil der Mündigkeit unterwirft, als vielmehr eine Kritik im Sinne der *Abgrenzung diskreter*, also *unterscheidbarer* und damit *kalkulierbarer Einheiten*. Kritik wird jetzt als *Beherrschung durch Kalkulation* interpretiert, die ihren Gipfel in den kognitivistischen Modellen am Ende des 20. Jahrhunderts findet.

Diese Entwicklung führte zur *Polizeiwissenschaft*, in der Foucault den Ursprung dessen sah, was er als Biopolitik bezeichnet. In ihr werden die politischen Technologien der Biomacht angewandt, wie sie für den bürgerlichen Staat des 19. Jahrhunderts charakteristisch sind. Wir sehen jedoch, daß diese Technologien der Macht einen Prozeß der Grammatisierung voraussetzen, den Foucault gänzlich im dunkeln läßt. Dieser Prozeß entspricht der Entfaltung einer Sorge, die fortan auf kalkulatorischen Modellen basiert und den vergiftenden Auswirkungen ihrer Fehler unterworfen ist. Die Kalkulierbarkeit ist auf alle Objekte anwendbar – einschließlich derer des Wünschens, die zugleich immer weniger wünschenswert werden: Sie verschwinden darin und mit ihnen die kommende Welt, wenn nicht gar die Welt selbst.

Ich habe an früherer Stelle aufzuzeigen versucht, daß es diese Verbreitung der Kritik als Kalkulation, als Rationalisierung und Entzauberung ist, die den Kapitalismus an seine ersten beiden Grenzen geführt hat:

1. Die Aufklärung setzt sich nicht nur mit der Französischen Revolution durch, sondern vor allem auch als industrielle Revolution, das heißt als Einführung des Systems der kapitalistischen Produktionsweise, die die Fortsetzung eines Grammatisierungsprozesses ist,[23] aus dem die von mir so bezeichneten Psychotechniken hervorgegangen sind. Und zwar durch Apparate zur Kontrolle der Bewegungsabläufe, die als Werkzeugmaschinen die Eliminierung des Arbeiterkönnens und infolgedessen die Realisierung eines immensen Produktivitätszuwachses sowie die Entwicklung eines neuen Wohlstands ermöglichten, der, abgesehen von der damit einhergehenden Misere des Proletariats, dennoch auf eine Grenze traf: den von Marx analysierten tendenziellen Fall der Profitraten.

2. Zur Bekämpfung dieser Beschränkung der kapitalistischen Entwicklung erfindet der *American way of life* die Figur des Konsumenten, dessen Libido systematisch beansprucht wird, um der Überproduktion entgegenzuwirken und der das Gegenstück zu diesem tendenziellen Fall der Profitrate ist. Diese Kanalisierung der Libido, die durch Aufmerksamkeitsvereinnahmung erzielt wird, führt zur Beseitigung der Lebenskunst und zu einer massiven Entwicklung von Dienstleistungsgesellschaften, die die Verbraucher von ihrer Existenz, das heißt von ihren vielfältigen Verantwortlichkeiten als mündige Erwachsene, entlasten. Die Folge dessen ist die Beseitigung ihrer eigenen Wünsche wie auch der Wün-

sche ihrer Kinder, in dem strikten Sinne, daß diese sich nicht mehr mit ihnen identifizieren können – weil die zu großen Kindern Gewordenen nichts mehr wissen und für nichts mehr verantwortlich sind, aber auch, weil die Psychomacht mit Hilfe der Psychotechnologien den Prozeß der primären Identifikation kurzgeschlossen hat. Diese Zerstörung des Begehrens, des Wünschens (und damit der Aufmerksamkeit und der Sorge) konfrontiert den Kapitalismus mit einer neuen Grenze, die diesmal nicht nur die Produktionsweise, sondern auch das Konsumverhalten (die Lebensweise, den *way of life*) betrifft.

Ich bin jedoch der Überzeugung, daß sich eine *dritte Grenze* auftun wird, weil die Entwicklung der industriellen, dem 19. und 20. Jahrhundert entlehnten Lebensform nicht nur für Geist und Libido toxisch geworden ist, sondern auch in geophysikalischer und biologischer Hinsicht. Sie kann nur überwunden werden, wenn sich eine Lebensform durchsetzt, die durch die Entwicklung von Techniken, Technologien und sozialen Apparaten zur Aufmerksamkeitsformierung eine neue Form der Sorge für die Welt etabliert, die den organologischen Spezifikationen unserer Zeit entspricht, und wenn ein industrielles System entwickelt wird, das in *endogener Form* als System der Sorge funktioniert: *Sorge tragen für die eigene »Wertschöpfungskette«, das heißt für die eigene Wirtschaft.*

Im Gegensatz zu dem, was die Dogmatiker des Neoliberalismus behaupten, läßt sich die Fortsetzung der industriellen Entwicklung nicht durch die simple weltweite Verbreitung der Lebensform der modernen Gesellschaften des Westens, Japans und Koreas erzielen. Die westlichen Gesellschaften haben durch den Export ihrer Technologien industrielle Konkurrenten erzeugt und einen weltweiten Wirtschaftskrieg entfesselt. Und diese Konkurrenz hat zur Zerstörung jenes komplexen Gleichgewichts geführt, in dem die Entwicklung des Kapitalismus durch die keynesianische Redistributionsorganisation im Rahmen eines Wohlfahrtsstaates auch mit einer sozialen Entwicklung der industriellen Demokratien einherging. Im Kontext dieses Wirtschaftskrieges ist das Marketing zu einem »Instrument der sozialen Kontrolle«[24] geworden, und mit dem Aufkommen der Kontrollgesellschaften hat sich die Abnahme der libidinösen Energie beschleunigt.

Der Kapitalismus hat seine Konzeption verloren, seinen »Geist«[25], wie Max Weber gesagt hat, indem die Demotivierung als umfassendes und massives Phänomen[26] dort auftrat, wo dieser »Geist« die Motivation reproduzierte, ohne die er auf Dauer nicht funktionieren kann. Im Hinblick auf den Konsum ist die kapitalistische Lebensweise ein suchterregender Prozeß geworden, der immer weniger dauerhafte Befriedigung bereithält. Dies bringt eine tiefe Unzufriedenheit des Konsumierens mit sich, das die Kultur, die Sorge, ersetzt hat, wenn es zutrifft, daß die Kultur aus Kulten aller Art hervorgegangen ist, das heißt aus der Bindung an Gegenstände, deren Gesamtheit ein System der Sorge konstituiert. Im Gegenzug ist auf seiten der Produktion ein wechselförmiges »Leiden an der Arbeit« entstanden, das sich in der steigenden Zahl der Selbstmorde von Führungs- und Exekutivkräften niederschlägt.

Für die Ideologen des neoliberalen Dogmas sind das lediglich epiphänomenale Beschwerden einer an sich sehr stabilen Zivilisation, die gewissermaßen satt vom Komfort sei. Diese Einschätzung hat das Alte Europa – besonders Frankreich, England und Deutschland als Heimat der Aufklärung – zu einer unheilvollen Nonchalance angesichts der außerordentlichen Dynamik der neuen Industrieländer verleitet, die ihrerseits noch alles erobern müssen und die deshalb die neue Chance der gegenwärtigen Welt sind. Durch die Wohltaten der Globalisierung, will man sich einreden, würden sie dem alten Westen neue unternehmerische und produktive Energien zuführen, die es dem Kapitalismus ermöglichten, sich durch Überwindung seiner mit der Senkung der Profitraten und der libidinösen Energie gesetzten Grenzen abermals selbst zu übertreffen.

Aber der neue globale Kapitalismus wird sich auf keinen Fall dadurch entwickeln können, daß er die charakteristischen Produktions- und Konsumformen der industriellen Demokratien des Westens, Japans und Koreas reproduziert. Der Export dieser Lebensform würde nämlich auch zum Export der wachsenden Produktion von Giften aller Art an den überwiegenden Teil der Erdbevölkerung und damit zum Verschwinden der menschlichen Spezies führen. Abgesehen davon zeitigt die Zerstörung der psychischen Apparate in diesen Ländern dieselben Wirkungen, und zwar im selben Tempo wie die Verbreitung des »Wachstums«. Der neue globale Kapitalismus kann seine Energien nur erneuern, wenn er *eine neue Logik und neue Investitionsobjekte* erfindet – wobei das Wort Investition hier im weitesten Sinne aufzufassen ist: im Sinne der industriellen wie auch der libidinösen Ökonomie.

16 Die Demokratie als politische Organisation
    der Sorgeformen und die neue Verantwortlichkeit
    der Obrigkeit gegenüber dem Mißwachstum

In ein industrielles Produktionssystem investieren nicht nur Unternehmer und Finanziers, sondern auch die eigentlichen Produzenten. Sie formieren ihre Aufmerksamkeit in der Arbeit, bei der sie – solange sie nicht vollständig proletarisiert und/oder präkarisiert sind – Erfahrungen sammeln, die einen weiten Kreislauf voraussetzen, durch den sich eine Transindividuation in der Welt vollzieht. Das gilt nicht für die Konsumenten: Diese sind strukturell dem kurzschlüssigen Kreislauf der Wegwerfbarkeit überantwortet, das heißt der De-investition der Konsumobjekte, die mit dem Verlust von Lebenswissen und einer neuen Form der Proletarisierung[27] einhergeht.

Die Investition, die sich an ihr Objekt bindet und deshalb auf Dauerhaftigkeit abzielt, ist das genaue Gegenteil des Konsums. Funktioniert der Konsum für und durch sich selbst, was gegenwärtig der Fall ist, so wird er von Trieben gelenkt, die im Unterschied zum Wünschen unmittelbare Befriedigung anstreben. Es ist der für sich selbst und durch sich selbst funktionierende Konsum, der das Begehren als Wünschen zerstört, das stets eine Investition darstellt.

Angesichts der Umweltzerstörungen aller Art, die ein sich gegenseitig verstärkendes System bilden und die lediglich eine Folge der Zerstörung der Sorge-Systeme sind, gilt es, diese Situation zu verändern: Der Konsument ist der zentrale Faktor in diesem System der Selbstzerstörung. Die Leitfigur des Konsumenten, das heißt des pharmakologischen Wesens, das strukturell unverantwortlich und unmündig (abhängig) gemacht worden ist, muß abgelöst werden: Man muß ihn wieder lehren, Sorge und Aufmerksamkeit zu entfalten, und zwar durch die Struktur einer darauf zielenden neuen industriellen Organisation.

Die Aufgabe ist ein neues *Design*[28] für eine neue industrielle Intelligenz, und genau das ist der wirkliche Einsatz in der »Schlacht für die Intelligenz«: eine Mündigkeit (Verantwortlichkeit) im Sinne Kants wiederherzustellen. Diese Neu-Erfindung der Mündigkeit, die die primäre *Verantwortlichkeit des indu-*

striellen Zeitalters sein muß, sollte folgende Tatsachen berücksichtigen:

1. Mündigkeit ist eine historische Errungenschaft, insofern sie von einem Entwicklungsstadium des *organologischen* Milieus (und damit der Grammatisierung) ausgeht, das sich bezüglich seiner Psychotechniken, die eine pharmakologische, zwangsläufig ambivalente Struktur aufweisen, unablässig fortentwickelt und seine Wirkungen zu jeder Zeit umkehren kann.

2. Der Geist ist nicht nur einfach das Bewußtsein, sondern setzt das Unbewußte voraus, das heißt einen Prozeß der Erzeugung libidinöser Energie, dessen sublimierte Form das Bewußtsein darstellt (als Dispositiv der *différance* des Über-Ich).

Aus zwei Gründen sollten diese Tatsachen bei der Neu-Erfindung der Mündigkeit bedacht werden:

1. Die historische Errungenschaft der Mündigkeit ist organologisch bedingt, weil die libidinöse Ökonomie selbst und der von ihr gebildete psychische Apparat pharmakologisch verfaßt sind – wobei die tertiären Retentionen das Transindividuelle zugleich unterstützen und zerstören können, etwa mittels neuer Psychotechnologien. In diesem strikten Sinne ist die Mündigkeit als kritische Aufmerksamkeit des Bewußtseins, als *kritikfähiges Alter des Über-Ich*,[29] selbst pharmakologisch konstituiert.

2. Die Regressionen der Erwachsenen und die Verbreitung der Verantwortungslosigkeit beruhen auf der Zerstörung des Es – durch die Konfusion des Generationenverhältnisses, durch die Ausschaltung des Prozesses der primären Identifikation und durch die folgende Liquidierung der Sorge-Systeme, das heißt der Übergangsräume, die die Kultur bie-

tet. Dies sind die Effekte der Zerstörung des psychischen Apparats durch die psychotechnologischen Apparate als *pharmaka*.

Die Neu-Erfindung der Mündigkeit bedeutet, gegen die Psychomacht der neuen »Vormünder« anzukämpfen, die die *pharmaka* mißbrauchen und deren neue »Untertanen« (in der Bedeutung, die Kant in diesem Kontext verwendet) die Konsumenten sind. Sie sollte eine Umwandlung der Psychotechnologien der Aufmerksamkeitskontrolle in Nootechnologien im Dienst der Bildung einer neuen Form von Verantwortlichkeit beinhalten – eine Transformation der Psychotechnologien in Nootechnologien, die den sozialen und psychischen Apparat einer kollektiven Intelligenz[30] formen und so weit wie möglich verbreitet und gemeinschaftlich genutzt werden sollten.[31]

Seit Kant gilt es, Faulheit und Feigheit als Faktoren der Unmündigkeit zu bekämpfen, um zur Mündigkeit, das heißt zur Verantwortung zu gelangen. Heute stellt sich diese Frage im Kontext einer Zerstörung der Umwelt sowie des physischen und psychischen Milieus, die zu Zeiten Kants unvorstellbar gewesen wären und die zum größten Teil durch den hegemonialen Mißbrauch der Psychotechnologien verursacht worden sind. Dieser Mißbrauch – ein Anzeichen für *Mißwachstum* – fördert die Verantwortungslosigkeit (und folglich die Faulheit und Feigheit als Faktoren der Unmündigkeit) nicht mehr auf dem Wege politischer oder religiöser Vormünder, sondern über das Marketing (dem eine ebenso regressive »Wiederkehr des Religiösen« entspricht). In diesem Kontext gilt es, im Namen der Intelligenz *vor allem* gegen jene zu kämpfen, die diese neue Form der verantwortungslosen Unmündigkeit als Organisatoren der Regression verbreiten.

Diese Schlacht sollte eine Politik des Geistes, eine Noopolitik,

lancieren, die zu Zeiten der Psychotechnologien eine Industriepolitik der Geistestechnologien sein müßte. Sonst wäre die
notwendige Reform unserer elementaren und universitären Bil-
dungsanstalten vollkommen vergeblich, vorausgesetzt, man
will sich bei der Schlacht für die Intelligenz um deren Steigerung bemühen und nicht um deren Überentwicklung im Dienste des Wirtschaftskriegs. Denn dieses industrielle Modell erzeugt lediglich Frustrationen über das, was aus Wachstum zu
Mißwachstum geworden ist und zunehmend als eine Krebs-
wucherung wahrgenommen wird.

Jules Ferrys Politik zur Zeit der Dritten Republik war zu ihrer
Zeit eine Politik des Geistes und eine Transformation des psychischen Apparats durch die Verinnerlichung einer Psychotechnik zwecks Bildung einer kritischen Aufmerksamkeit, das heißt
einer Mündigkeit im Sinne von Kant wie auch von Condorcet
(als Wahlstimme). Ferry war noch nicht mit der Existenz einer
industriellen Psychomacht konfrontiert: Die Psychotechnologien und das Marketing, zu deren Werkzeugen sie geworden
sind, existierten damals nicht. Ferry hatte sich statt dessen dem
Einfluß der Kirche auf die Seelen zu widersetzen – also der
religiösen Psychomacht, die sich selbst bereits als eine Noo-
macht der Sublimierung präsentierte.

Für Ferry handelte es sich folglich darum, die *religiöse Sublimierung durch eine säkulare Sublimierung zu ersetzen*. Mit der öffentlichen Schulbildung, die der Erziehung die Konsequenzen
des Evolutionismus zugrunde legte, wich die Idee eines göttlichen Ursprungs der Welt (mitsamt ihren Genealogien) einem
historischen und universalen Bewußtsein von der Situation der
Menschheit und ihrem Transformationsprozeß.

Die Autorität wurde auf diese Weise zu einer Autorität des
Wissens, das sich auf die Regeln der Wahrheitsfeststellung

gründete, die nicht mehr der Offenbarung entsprangen – einem gleichsam auf die Ebene der menschlichen Spezies erweiterten Familienroman –, sondern auf der Verinnerlichung einer griechischen Erfindung beruhten: auf dem *logos* als spezifischem Typ eines assoziierten symbolischen Milieus, das ein *kritikfähiges* Milieu, einen *kritikfähigen* Raum und eine *kritikfähige* Zeitlichkeit bildet. Die Entwicklung der Schrift seit der Antike hat durch allgemeine Alphabetisierung, gestützt auf die im 19. Jahrhundert florierende Verlagsindustrie, allen den Zugang zu diesen Milieus ermöglicht und wurde so zur Basis für die modernen, industriellen Demokratien.

Die im 19. Jahrhundert eingerichtete Institution der Bildungsprogramme und staatlichen Schulbildung ist langsam, aber unaufhaltsam durch die Massenmedien und die sogenannten Programmindustrien, insbesondere durch die Fernsehsender, in der zweiten Hälfte des 20. Jahrhunderts zerstört worden. Heutzutage, wo diese Sachlage ihre unheilvollen Wirkungen in solch extremem Ausmaß entfaltet, hat sie zur Zerstörung der öffentlichen Meinung geführt, die durch Zielgruppen des Publikums ersetzt worden ist.

Die Telekratie hat heute die Demokratie ersetzt – und es wird immer deutlicher, daß die Telekratie, die die ökonomisch-politische Konkretisierung der Psychomacht darstellt, jegliches Gefühl der Verantwortung zerstört, was insbesondere für die Jugend und die Kinder zunehmend katastrophale Folgen zeitigt. Man kann sich daher schlecht vorstellen, wie die staatlichen Organe in Zukunft darauf verzichten können, *den Konflikt zwischen Psychomacht und Aufmerksamkeitsablenkung einerseits und Aufmerksamkeitsformierung als psychischer und sozialer Fähigkeit und mithin Verantwortlichkeit andererseits in den Griff zu bekommen.*

Ebenso wie die Demokratie der kollektiven Mündigkeit durch Stimmabgabe die Bildung der Mündigkeit des Individuums voraussetzt, führt die Zerstörung der Sorge-Systeme zur Liquidation der demokratischen Mündigkeit als demokratischer Verantwortung: Sie führt zum *Populismus*.

Aus der verantwortungslosen *Gleichgültigkeit* erwächst eine neue Verantwortlichkeit der staatlichen Organe, zunächst in Form von Aufmerksamkeitsformierung und -beschützung der Kinder und Jugendlichen, die sich jedoch in die allgemeinere Problematik einer Wiederherstellung von Sorge-Systemen einfügt, aus denen eine zivile und zivilisierte Gesellschaft besteht. Letztendlich besteht sie darin, die Demokratie zu retten, indem man sie entsprechend den Anforderungen neu erfindet, die durch organologische und psychotechnologische Entwicklungen verursacht worden sind. Zweifellos bestimmt dieser Bereich vorrangig das Programm der Schlacht für die Intelligenz.

4 Synaptogenese der Aufmerksamkeitszerstörung

17 Aufmerksamkeitsdefizitstörung (ADS) und die industrielle Zerstörung des Bewußtseins

Wenn sich die »Schlacht für die Intelligenz« über eine wieder-entdeckte Dynamik der Universität vollziehen soll, müssen die Grund- und Oberschulen ihrerseits das Niveau ihrer Schüler wahrnehmbar steigern. Grundvoraussetzung ist jedoch, daß das *symbolische industrielle Milieu*, in dem Kinder und Heranwach-sende, aber auch ihre Eltern und ihre Lehrer leben, die Bildung einer rationalen und kritischen Aufmerksamkeit nicht systema-tisch behindert.

Diese Bildung setzt ihrerseits eine *geregelte Verinnerlichung* der Psychotechniken und heutzutage der Psychotechnologien nach rationalen Kriterien voraus, damit sie zu Nootechniken und Nootechnologien werden können. Diese Kriterien liefern die geisteswissenschaftlichen Disziplinen, die die Gegenstände der Aufmerksamkeit eingrenzen und mittels deren die Nootechni-ken und Nootechnologien *weite Kreisläufe der Transindividua-tion herstellen, um die kurzschlüssige Transindividuation* der rea-len Unmündigkeit (wie Faulheit und Feigheit nach Kant) bekämpfen zu können.

Nun entspricht die gegenwärtige Zerstörung der Aufmerksam-keit als psychosozialer Fähigkeit zugleich der Zerstörung der institutionell konstruierten Aufmerksamkeit, die man Bewußt-sein nennt. Die *con-scientia* ist die Fähigkeit, weite Kreisläufe der Vernunft zur Basis eines reflexiven Bewußtseins zu ma-chen.[1] Das Bewußtsein wird, anders gewendet, durch die Psychotechnologien der Programmindustrien in zweierlei Hinsicht zerstört:

1. als Instanz, die zusammen mit dem Unbewußten und dem Vorbewußten den psychischen Apparat im Sinne Freuds bildet und deren Sitz das Ich ist;

2. in dem Sinne, daß sich mit der Aufklärung ein Bewußtsein entwickelt, das eine *historische Konfiguration* der Organisation des Es darstellt; dadurch kann insbesondere das für das mündige Individuum charakteristische kritische Bewußtseins entstehen, das die weiten Kreisläufe der Transindividuation als solche zu berücksichtigen vermag und zur Entwicklung eines historischen individuellen und kollektiven Bewußtseins führt, welches in einem *sehr weiten Kreislauf* die Universalgeschichte der Menschheit als ein *Wir* und als individuelle Geschichte eines *Ich* artikuliert; dieser neuen, politisch organisierten Basis der Aufmerksamkeitsformierung entspricht im 19. Jahrhundert die Institution der modernen industriellen Demokratie.

Die *gegenwärtige Zerstörung dieses historischen Stadiums des Bewußtseins* durch die Psychomacht, ohne das keine Form des Unterrichts schulischer oder akademischer Natur, der diesen Namen verdiente, möglich ist, entspricht der Zerstörung des demokratischen Systems der Sorge durch eine Macht, die aus Prinzip keine Sorge trägt.

Es handelt sich bei dieser Macht um die Finanzspekulation, die die Gleichgültigkeit zum Mechanismus ihrer Dynamik des Mißwachstums gemacht hat, eine *negative* Dynamik: Die Dynamik des Schlimmsten[2] – insofern sie systematisch das Kurzfristige und die ihm entspringenden Kurzschlüsse (psychische, soziale, börsenmäßige usw.) bevorzugt. Sie hat die *Investition* des Kapitals durch die *Spekulation* ersetzt, die die Unternehmen zerstört, indem sie sie der Möglichkeit beraubt, ihre Zukunft zu entwerfen, und indem sie sie einer tödlichen Konkurrenz aussetzt, einem gnadenlosen Krieg ohne Regeln, der ebenfalls die oben genannten Kurzschlüsse nach sich zieht.

Es ist die ultra-spekulative Organisation dieses Finanzkapitalismus, die sich, deterritorialisiert und gleichgültig gegenüber dem sozialen Körper, zu den Instrumenten der Industrieproduktion verhält, wie es einst die Piraten zu den Handelsschiffen taten. Sie hat die Kontrolle über das Zielpublikum der Konsumenten an sich gerissen, und die Produktionsapparate haben sich ihr anzupassen. Auf diese Weise verbreitet sie eine Hegemonie der Telekratie über die demokratischen Formen der Sorge, welche die Entwicklung einer den Erfordernissen unserer Zeit entsprechenden Intelligenz massiv behindert, die wir zur Optimierung nachhaltiger Produktionsformen und Innovationen ebenso benötigen wie für die Bildung eines verantwortlichen kollektiven Bewußtseins.

Die auf den Trieb ausgerichteten Organisationsformen des finanziellen Kapitalismus, die zum Nachteil der Investition das Kurzfristige und die unmittelbare Befriedigung bevorzugen, verbreiten dagegen einen industriellen Populismus[3], der auf die familiären, erzieherischen und nationalen Aufgaben um so zerstörerischer wirkt, als er vor allem die Aufmerksamkeit der Kinder und Jugendlichen massiv vereinnahmt und deren affektive und intellektuelle Fähigkeiten systematisch manipuliert. Neben dem organologischen Chaos führt dies zu dem, was man jenseits des Atlantiks als *attention deficit disorder* bezeichnet. Sie entsteht durch die strukturell irreversible Deformation der Schaltkreise ihrer Synaptogenese, die die neuronale Basis der Transindividuation darstellen.

In Europa haben – je nach Land und sozialem Umfeld – bereits ein Drittel bis zwei Drittel der Kinder zwischen null und drei Jahren einen Fernseher in ihrem Zimmer stehen.[4] In den Vereinigten Staaten sehen 40 Prozent der Babys ab einem Alter von drei Monaten regelmäßig fern. Einer Studie von Frederick Zimmerman und Dimitri Christakis[5] zufolge sind es ab einem Alter von zwei Jahren 90 Prozent. Dies bestätigen übrigens auch die Ergebnisse einer anderen Studie, die vor drei Jahren zu dem Ergebnis kam, daß Babys zwischen ein und drei Jahren, die Fernsehprogrammen ausgesetzt sind, häufiger Gefahr laufen, im Alter von sieben Jahren an einer Aufmerksamkeitsdefizitstörung (ADS) zu erkranken.

Da das Kleinkind seine Synapsen in Abhängigkeit von seiner Umwelt entwickelt, hatten Zimmerman und Christakis 2004 in den *Archives of Pediatrics & Adolescent Medicine* geschrieben:

> Es ist wohlbekannt, daß sich das Gehirn des Neugeborenen im Verlauf der ersten Lebensjahre rasch weiterentwickelt und daß es in diesem Zeitraum eine bedeutende Plastizität [des Gehirns] gibt. Es gibt außerdem zahlreiche Belege, daß die Umwelt-Exposition je nach Typ und Intensität der Stimulation die Anzahl und Dichte der neuronalen Synapsen beeinflußt. Typus und Intensität der visuellen und auditiven Erfahrungen können also einen erheblichen Einfluß auf die Entwicklung ihrer Hirne haben [...].
>
> Wir stellen die Hypothese auf, daß der allzu frühzeitige Kontakt mit dem Fernsehen während der kritischen Phase der synaptischen Entwicklung tiefgreifende Auswirkungen auf die Entwicklung des Gehirns haben könnte.[6]

Diese Hypothese haben die Untersuchungsergebnisse von 2007 bestätigt. Auf dieselben Studien berief sich kürzlich ein Artikel in *Le Monde*, dem zufolge

ein Heranwachsender, der täglich mehr als drei Stunden fernsieht, im Verhältnis zu denen, die es täglich weniger als eine Stunde tun, seine Chancen halbiert, zu studieren.

Es besteht kein Zweifel, daß dies ein Kernpunkt in der Schlacht für die Intelligenz ist.

Als das INSERM[7] im September 2005 in Frankreich die Resultate einer Studie zu Aufmerksamkeits- und Verhaltensstörungen veröffentlichte, etwa zu den sogenannten oppositionellen Störungen, stellte sich heraus, daß den zerstörerischen Einflüssen der Fernseh- und audiovisuellen Industrie auf die Jüngsten praktisch keinerlei Aufmerksamkeit geschenkt wurde.[8] Das INSERM glaubte vielmehr, genetische Ursachen gefunden zu haben. Es veranlaßte, Kinder ab drei Jahren mit einer vermuteten Prädisposition für unsoziales Verhalten systematisch zu untersuchen.

Die Studie, die 2007 von *Pediatrics* veröffentlicht wurde, bestätigt jedoch im Gegenteil, daß unsoziale Verhaltensweisen in erheblichem Maße durch die Gleichgültigkeit eines sozialen Umfelds verursacht werden, dessen Einfluß sich für die geistige Entwicklung der Jüngsten und folglich Verletzlichsten als ruinös erweist. Sie offenbart, daß die televisuelle Industrie die Erziehung zerstört und den »Nullpunkt des Denkens« herbeiführt.[9]

Nun ist das Fernsehen mittlerweile in allen Regionen der Welt vorhanden, und die psychosoziale Verfassung in den USA, Europa, China, Indien und anderswo tendiert überall dahin, zu einer immensen Aufmerksamkeitsstörung anzuwachsen – *a global attention deficit disorder* –, verursacht durch Psychotechnologien, die durch keine politische Macht reguliert werden. Sie sind die Ursache für die Regression der Intelligenz und für ein Konsumverhalten, das sich auf die Zukunft des Planeten zunehmend zerstörerisch auswirkt.

18 Erziehung, Psychotechnologien und referentielle Individuation

In *La télécratie contre la démocratie* habe ich aufzuzeigen versucht, daß die schulische Institution im 19. Jahrhundert eine Institution der Verhaltensprogramme[10] war. Diese Analyse ist nun dadurch zu vervollständigen, daß die Einrichtung von Schulprogrammen auf die *Entwicklung einer mündigen Aufmerksamkeit* abzielt und daß sie insofern eine historische Konfiguration des Aneignungsprozesses bildet, aus dem die Menschlichkeit als ein Prozeß der psychischen und kollektiven Individuation[11] im wesentlichen besteht. Dabei neigt der Horizont der sich auf diese Weise individualisierenden Kollektivität dazu, sich zu erweitern und idealerweise Universalität zu erreichen – das ist die historische Konfiguration des Aneignungsprozesses, der mit der historischen Bewegung der Aufklärung verknüpft ist.

Der der Individuation entsprechende Aneignungsprozeß ist ganz allgemein ein Prozeß der Vereinnahmung, Formierung und Verinnerlichung von Aufmerksamkeit, die zu einem sozial ausgerichteten System der Sorge führt. In der Schule vollzieht sich die psychosoziale Ausrichtung dieses Sorge-Systems in Form einer Verinnerlichung der aufmerkenden rationalen Fähigkeit, das heißt der Kritik, mit Hilfe diverser Disziplinen, die alle durch dieselbe Psychotechnik bestimmt sind: die Schrift.

Seit dem 20. Jahrhundert jedoch, insbesondere nach dem Zweiten Weltkrieg und mit der Entwicklung der elektronischen Technologien, muß das Erziehungswesen mit den audiovisuellen Medien um die Aufmerksamkeit der jüngeren Generationen konkurrieren. Am Ende des 20. Jahrhunderts hat diese Konkurrenz unter dem Druck des Marketing und der Globalisierung als globalem Wirtschaftskrieg zu einem Konflikt geführt, dessen gegenwärtiges Resultat in psychologischer, affektiver, kultureller, ökonomischer, aber auch sozialer Hinsicht ein gewaltiges Desaster darstellt. Die durch psychotechnologische Aufmerksamkeitsvereinnahmung bedingten *Aufmerksamkeitsausfälle* führen zu einer Brüchigkeit der sozialen Bindungen, die eine allgemeine Verunsicherung und immense Zweifel an der Zukunft und an den Beziehungen zwischen den Generationen hervorgebracht haben.

Ziel der Programmindustrien als den bewaffneten Hilfskräften der Telekratie ist es, die Kontrolle über die Verhaltensprogramme zu übernehmen, die das Zusammenleben der sozialen Gruppen regeln, und ihnen das Erziehungsanrecht zu entreißen, um sie den unmittelbaren Bedürfnissen des Marktes besser anpassen zu können. Insofern geraten sie notwendigerweise in Konkurrenz zur Institution Familie sowie zu den Programminstitutionen, die seit den Anfängen des Abendlands die sozio-*ethnischen* in sozio-*politische* Programme umgesetzt haben. Das gilt insbesondere für die Schulpflicht, deren Einrichtung eine einschneidende Veränderung für den referentiellen Individuationsprozeß in der westlichen Gesellschaft darstellte.

Ganz allgemein konfiguriert das in einer Gesellschaft herrschende System der Sorge den Bezugsrahmen des Individuationsprozesses:[12] Die Bildung einer sozialen Gruppe setzt voraus, daß in den verschiedenen sekundären Individuationsprozessen, mittels deren sich ein Individuum den unterschiedlichen, möglicherweise konfligierenden Ansprüchen angliedern kann, ein Bezugsrahmen dominiert, der alle anderen begründet, zwischen ihnen vermittelt und deshalb die Basis für das Gesetz bildet. Diese referentielle Individuation wird von den Individuen als Grundlage des Über-Ich verinnerlicht und im Verlauf der primären Identifikation von einer Generation an die nächste vermittelt.

Diese psychische Primäridentifikation verdoppelt und verstärkt sich jedoch durch eine kollektive und soziale Primäridentifikation: Ihr widmet sich das Sorge-System – zum Beispiel durch Programminstitutionen wie die staatliche Schulpflicht. Die Einheit einer sozialen Gruppe setzt die *Identifikation* voraus – welche jedoch niemals *Identität* produziert.

Die Kontrolle über den Aneignungsprozeß zu übernehmen bedeutet zugleich, die Kontrolle über die Entwicklung von Kriterien zur Konstituierung dieser referentiellen Individuation zu übernehmen. Seit der Aufklärung basierten diese in den industriellen Demokratien auf der Mündigkeit im Sinne Kants und Condorcets. Mit den Programmindustrien und Psychotechnologien sind sie zu Mitteln geworden, mit denen die Konsumtion durch Aufmerksamkeitsvereinnahmung intensiviert werden soll. Sie haben sich ins *Gegenteil* der überkommenen Leitsätze der Aufklärung verwandelt.

Was ich in *La télécratie contre la démocratie* als Ausbreitung neuer Formen von »artifiziellen Massen« und als Ausbreitung von regressiven Identifikationsprozessen[13] analysiert habe, ist durch die hier untersuchten Psychotechnologien selbst ermöglicht worden. Die Verbreitung sozio-politischer Programme durch Institutionen *gegen den regressiven Identifikationsprozeß im allgemeinen* war bereits ein wesentliches Motiv von Jules Ferrys Maßnahmen im Kampf gegen den Einfluß der Kirche auf den Staat im ausgehenden 19. Jahrhundert.

Mittels der *hypomnesis* als Schrift – der ersten institutionellen, einen öffentlichen Raum und eine öffentliche Zeitlichkeit begründenden Psychotechnik – konnte die Sophistik seinerzeit die Kontrolle über die Transindividuation übernehmen und bereits damals den regressiven Identifikationsprozeß mit Hilfe von rhetorischen und »logographischen« Psychotechniken in

Gang setzen, um diese Transindividuation kurzzuschließen. Die von der Philosophie kritisierte sophistische Hypomnesie setzt die *Praxis* dieser Hypomnesie im Dienst der *anamnesis* bereits voraus, die tatsächlich in Platons Akademie praktiziert wurde, womit sie die abendländische Rationalität begründete. Somit können die Fächer, die in der Schule im Hinblick auf die Formierung einer kritischen Aufmerksamkeit unterrichtet werden, weite Schaltkreise der Transindividuation erzeugen, in die die Schüler einbezogen werden sollen, damit sie gegen alle Formen von Kurzschlüssen, das heißt gegen die Irrationalität, ankämpfen können. Im ausgehenden 19. Jahrhundert wurde der referentielle psychische und kollektive Individuationsprozeß, der durch diese Fächer konstituiert werden soll, als Nation bezeichnet.

Die Individuation bringt als Aneignungsprozeß generell eine bleibende Veränderung der Welt mit sich. Diese sich mit der industriellen Revolution beschleunigende Weltveränderung verlangt jedoch eine Steigerung des individuellen und kollektiven Niveaus der Verantwortung, das heißt eine »Revolution der Intelligenz«, deren institutionalisierte Umsetzung die staatliche Schulpflicht ist. Die Hegemonie der Programmindustrien über die Psychotechnologien *zerstört* gegenwärtig die Errungenschaften dieser Revolution der Intelligenz.

Das Sorge-System als soziale Erziehung zielt dagegen darauf, die *psychische* Primäridentifikation in eine *kollektiv-bezugshafte* umzuschmelzen. Es ist die Schule, die die Aufmerksamkeit als Grundlage jedes Sorge-Systems formiert, in diesem Fall jedoch als *rationale Disziplin* der Aneignung, die in der Psyche des Schülers als eines gewissermaßen Gelehrten (nämlich eines rationalen Zugang zum Wissen Findenden) vor dem Publikum der Leserwelt (das zunächst die Schulklasse ist) verankert wird.

Diese Aneignungsform, die dementsprechend als *Vernunft* bezeichnet wird, ist eine Erziehung sowohl als Vermittlung bereits bestehender weiter Kreisläufe wie auch als Formierung *neuer* langer Kreisläufe im Dienste der Formierung autonomer Persönlichkeiten, die dazu vorgesehen sind, mündig und folglich kritikfähig und vor allem selbstkritisch zu werden: fähig, gegen ihre eingeborene, stets wiederkehrende Faulheit und Feigheit anzukämpfen, aber auch fähig, das Wissen in diesem Kampf zu erneuern.

Die Vermittlung langer Kreisläufe, die auf der menschlichen Erfahrung basieren, formt den *kollektiven Prozeß der primären Identifikation*, der auch die Basis für den Bezugsrahmen der modernen Gesellschaft bildet. Diese Bestimmung wird jedoch heute grundlegend durch die Telekratie und den industriellen Populismus *bedroht*, die versuchen, sich als neuer Bezugsrahmen der Individuation zu etablieren, als ein Bezugsrahmen, der *in sich* archaisierend und herdenmäßig verfaßt ist und der systematisch die Mechanismen beschwört, die Freud als regressiven Identifikationsprozeß bezeichnete. Davon ausgehend ist es die Einheit der nationalen Gemeinschaft, die erschüttert wird – eine Einheit, die keine Identität ist und die nie eine solche war.[14]

19 Das Phantasma der nationalen Identität

Die psychische und kollektive primäre Identifikation führt nicht zur Identität, sondern zur *Singularität*, die sich niemals identifiziert, die sich vielmehr als ein Darüber-hinaus stets übersteigt, wie Simondon sagt.[15] Auf diese Weise bilden sich *neue* weite Kreisläufe der Transindividuation: Die Individuation ist insofern immer schon eine »Schlacht für die Intelligenz«.

Die Frage nach der nationalen *Identität* (und allgemeiner jeder menschlichen Gruppe) ist ein Phantasma, die die tatsächliche Frage nach der (nationalen, kollektiven und sozialen) *Einheit* verschleiert. Eine soziale Gruppe, eine Ethnie, ein Staat oder Staatenbund entspringen einem *Prozeß* der Vereinheitlichung, der sich durch die unablässige Integration externer Elemente vollzieht: Nahrungsmittel, Materialien, Handelswaren, Techniken, Menschen, Symbole, Ideen usw. Leroi-Gourhan hat dies in seinem *L'homme et la matière*[16] analysiert, wobei er zeigte, daß die ethnische Zelle von technischen Tendenzen durchdrungen wird, die sie verändern, ohne sie zu zersetzen – ebendeshalb, weil sie diese integriert. Diese Integrationsvorgänge, durch die sich dieser Prozeß unaufhörlich neu definiert, metastabilisiert und unablässig über sich hinausgeht, vollziehen sich durch den Entwurf eines *telos,* das heißt eines *Grundes*, einer *Motivation*.

Dieses *telos,* diese Finalität, heißt Zukunft, und sie wird durch das Begehren, durch das Wünschen entworfen. In einer politischen Gesellschaft, die von öffentlichen Angelegenheiten wie der kollektiven Abfassung des Gesetzes regiert wird, ermöglicht allein die durch das Wünschen entworfene Zukunft die Integration dessen, was von außen dazukommt. Und mit Hilfe des Wünschens gilt es, unaufhörlich *die Einheit herzustellen* und zu erneuern, die sich Intelligenz (*interlegere*) nennt. Der psychische oder kollektive Identifikationsprozeß, der die Realität dessen ist, was Simondon als einen nie vollendeten, das heißt als einen *nie identifizierten* Individuationsprozeß beschreibt, produziert also nicht Identität, sehr wohl aber Einheit.

Die Schwierigkeit, diesen Prozeß zu denken, rührt daher, daß man glaubt, aus der Identifikation müßte eine Identität resultieren. Nun ist das genaue Gegenteil der Fall: Die Identifikation ist unabschließbar, weil das *Individuum* (psychisch wie kollektiv) nicht aufhört, sich zu verändern – man nennt diesen Prozeß Existenz. Deshalb ist es die Aufgabe der *primären* Identifikation (im Unterschied zu den sekundären Identifikationen), ein System sowie Kriterien der *Schlichtung* für die Konflikte zwischen den sekundären Identifikationen bereitzuhalten, die sich im heranwachsenden psychischen System ereignen. Diese durch die elterliche *imago* vermittelte Schlichtungsinstanz ermöglicht es dem Individuum, sich seine sukzessiven Persönlichkeiten in Abhängigkeit von seinem Entwurf des *telos* anzueignen, das ihm niemals Identität verleihen wird, sondern im Gegenteil die Fähigkeit, sich zu verändern. Das ist die Poesie des Menschen, aus der heraus er sagen kann: »Ich ist ein anderer« – ein Wort Rimbauds, in dem Pindar nachhallt und das Nietzsche zu der Maxime erhoben hat: »Werde, der du bist«.

Die sekundären Identifikationen bilden somit den *Stoff für die Veränderungen*, auf dem sich die Motivationen des ebenso psychischen wie kollektiven Individuums abzeichnen, das nur zu dem werden kann, was es ist, wenn es das Neue integriert – und das, wenn es dieses Werden zurückweist, zum Untergang verurteilt ist. Freilich vermag die Integration nicht alles zu integrieren, und sie trans-formiert das Integrierte, indem sie es der Schlichtungsinstanz der primären Identifikation unterwirft – genauer gesagt, es in-dividuiert. Dieses Problem erfordert eine spezifische Analyse, insbesondere, wenn es um eine *kollektive* primäre Identifikation geht, die einen *referentiellen Individuationsprozeß* hervorruft. Dabei müßte vor allem nach der Art und Weise gefragt werden, *in der die referentielle Individuation sich selbst transformiert.* Nun heißt diese Transformation die Schlacht für die Intelligenz, und die Frage betrifft, genauer gesagt, die Formen des *Wissens*, insofern sie imstande sind, ein System der Sorge zu entwickeln. In diesem Buch, das eine Einführung zur Untersuchung dieser Fragestellung ist, behaupte ich, daß die referentielle Individuation stets organologisch bedingt ist.

Es ist sehr schwierig, in unserer turbulenten Epoche und inmitten der Verwirrung und der Gleichgültigkeit, die durch die psychotechnologische Zerstörung der Aufmerksamkeit verursacht worden sind, solche Fragen ernsthaft anzugehen. Die Psychologie der Massen zeigt, daß es regressive Identifikationsprozesse gibt: Es sind diese regressiven und archaisierenden Prozesse, die die identitätsbezogenen Triebe aufstacheln, die ein wahres Gift für die *Einheit* der Singularitäten darstellen. Diese Phänomene der Regression herrschen derzeit auf der ganzen Welt vor, weil die psychischen und kollektiven Identifikationsprozesse vom telekratischen Apparat beherrscht werden, der sich mit einem Bezugsrahmen auszustatten versucht, der keinerlei Autorität beinhaltet und demzufolge auch keine Intelligenz. Der telekratische Apparat führt weder zur Identifikation mit den Eltern noch mit der Nation oder irgendeinem anderen ideellen Gegenstand, sondern allein mit Waren und Marken.

Mit der Notwendigkeit, sich unablässig der Aneignung *neuer* Objekte und Techniken stellen zu müssen, erlegte die industrielle Revolution den Menschen neue Verantwortlichkeiten auf. In der sich unaufhörlich verändernden Welt wurde die Aneignung fortan als ein *endloses Werden* erlebt (und die Onto-Theologie geriet außer Gebrauch – was heutzutage als Entzauberung bezeichnet wird).

Als der Kapitalismus jedoch an seine erste Beschränkung, den tendenziellen Fall der Profitrate, stieß, und gleichzeitig die Figur des Konsumenten erfand, versuchten die Programmindu-

strien, deren Aufgabe es ist, das Verhalten des Bürgers zu re-
programmieren, um ihn in einen Konsumenten zu verwandeln,
die Programminstitutionen zu ersetzen, um einen *anderen Aneignungsprozeß* durchzusetzen – *wenngleich zum Preis der Zerstörung jeglichen Sorge-Systems*. Denn der Konsument wurde
gegen Ende des 20. Jahrhunderts zu einem zunehmend abhän-
gigen und verantwortungslosen pharmakologischen Wesen –
bedingt durch die zweite Beschränkung des Kapitalismus,
den tendenziellen Fall der libidinösen Energie, die zugleich
das erlitten hat, was Marcuse seit den Anfängen des Fernsehens
als einen Prozeß der Entsublimierung[17] bezeichnete.

20 Die Organologie des Erziehungssystems

Die Schulreform von Jules Ferry entwickelte sich zusammen
mit der industriellen Umformung der verlegerischen Aufgaben:
Die ersten großen Verleger erscheinen im 18. Jahrhundert, die
Zeitungspresse im 19. Jahrhundert ermöglichte die Ausgabe von
Tageszeitungen mit hohen Auflagen. Fortan gab es die technische Infrastruktur zur Formierung eines Publikums der Leserwelt. So wurde Ferrys Vorhaben möglich: Das Drucken von
Schulbüchern, finanziert von der öffentlichen Hand, war ökonomisch machbar geworden, und die Programme, die durch
die eingeführte Generalinspektion regelmäßig neu definiert
wurden, konnten im Verlauf der Transformationen, die die
Beschleunigung des industriell gewordenen Aneignungsprozesses hervorrief, revidiert und neu ausgelegt werden.
Daneben stellte bereits das 19. Jahrhundert Apparaturen (pho-
tographischer, phonographischer und kinematographischer
Art) her, die die Grundlage für die Psychotechnologien bilde-

ten, mit deren Hilfe die Programmindustrien im 20. Jahrhundert die Kontrolle über den Aneignungsprozeß übernommen haben. Nunmehr waren alle Voraussetzungen zur Konstitution der Psychomacht gegeben, die das Erziehungssystem erschüttern sollte. Zu Beginn des 21. Jahrhunderts, in dem die Digitalisierung die kognitiven Technologien (der Information) und Kulturtechnologien (der Kommunikation) funktional umsetzt, ist es zwingend nötig, die Zusammenarbeit zwischen Programmindustrien und Programminstitutionen in einem organologischen Kontext zu institutionalisieren.

Ein organologischer Ansatz für die Programminstitutionen der Erziehung sollte prinzipiell voraussetzen, daß

1. in einer politischen und demokratischen Gesellschaft das Erziehungswesen auch imstande sein muß, die Bürger als eine wissende Öffentlichkeit mit allem Notwendigen auszustatten;

2. die Staatsbürgerlichkeit die psychische und kollektive Individuation ist und im Einklang mit dem referentiellen Individuationsprozeß steht, der auf diesem gemeinschaftlichen Wissen basiert;

3. die Individuation im allgemeinen das Synchronische artikuliert, in dem sich ein *Wir* gemeinsam mit dem Diachronischen entwickelt, durch das ein *Ich* existiert, und daß diese Artikulation eine Komposition ist, die eine idiomatische Realität aus sich entläßt;[18] jedes Idiom ist eine solche Komposition, und die gelehrte, durch Erziehung hervorgebrachte Individuation ist die Individuation der Idiome, die die Sprachen der unterrichteten Fächer – als Fälle von *formellen Idiomen* – konstituieren.

Als formell werden hier die Idiome bezeichnet, die in ihren Regeln prinzipiell explizierbar und nur nach strikten Prozeduren diachronisierbar sind: in Übereinstimmung mit der Demonstration, der wissenschaftlichen Entdeckung, dem Beweis, der widerspruchsfreien Argumentation usw. Dies geschieht auf einer axiomatischen Basis, die stets mystagogisch[19] bleibt, ohne jedoch dogmatisch zu sein – eine hermeneutische, vorläufige, unendlich auflösbare Mystagogie, deren Wissen der unablässig erneuerten Interpretation entspringt. Dasselbe gilt für eine Vernunft, die in die Gesetze der psychosozialen Individuation eingeschrieben ist, denn die Erkenntnis der Individuation und ihrer Modifikation[20] ist zeitlich und faktisch *unmöglich*: Möglich wird sie nur *in der Unendlichkeit.*

Was sich nun im Verlauf des Erlernens fachbezogener Idiome konstituiert, ist ein *Wir*, wie Husserl[21] es auffaßte – etwa das *Wir* der von ihm oft zum Beispiel genommenen Geometer –, das auch ein politisches *Wir* begründet. Ebenso wie das Erziehungssystem die Existenz einer formalen Logik der Idiome begreifen läßt (zu der die formale Logik selbst gehört), ermöglicht es auch das Begreifen *fachbezogener Idiome*, die aus der *logischen Aufmerksamkeitsvereinnahmung* hervorgegangen sind, welche die Voraussetzung für die Mündigkeit ist. Das Erziehungssystem ist insofern Ort der Ausbildung und Verinnerlichung dessen, was sowohl eine *politische Organologie* als auch eine *Organologie des rationalen Wissens* konstituiert. Ebendies ist die *doppelte*, politische wie epistemische Dimension des *Wir*[22], die Grundlage für das Gemeinschaftsleben, das auf dem referentiellen Individuationsprozeß basiert und das Sorge-System der industriellen Demokratie und der ihr eigenen »Schlacht für die Intelligenz« konstituiert.

Die auf diese Weise interiorisierte Organologie ist zunächst das Ergebnis einer hypomnetischen Exteriorisierung, die ebenso die guten wie die schlechten pharmakologischen Kräfte betrifft, also ebenso die Kurzschlüsse der Transindividuation ermöglicht wie die Stiftung neuer weiter Schaltkreise. Das Erziehungssystem als Transformation der Psychotechnik in eine Nootechnik führt – auf der Ebene der kollektiven Individuation – die *anamnesis* mit Hilfe der *hypomnesis* herbei. Das bedeutet, daß das rationale Wissen und mit ihm das Erziehungssystem *neue assoziierte symbolische Milieus zusammen* mit dem ausbildet, was *zunächst (als Prozeß der Grammatisierung) dissoziierte symbolische Milieus produziert*[24] – nämlich soziale Milieus auf dem Weg zur Entsymbolisierung, Dissoziation und Gleichgültigkeit. Das begann schon am Ursprung des Abendlands mit dem Konflikt zwischen Sophistik und Philosophie.

Die schulische Erziehung als Verinnerlichung der Organologie wird gänzlich von den Psychotechniken der Aufmerksamkeitsvereinnahmung und -formierung bestimmt, welche es in Nootechniken umzusetzen gilt, durch die Verinnerlichung fachbezogener Kriterien, die die Regeln für die Praxis dieser Organologie stellen, etwa die Formen der Durcharbeitung mathematischen Wissens. Sie geschieht über den vernunftgegründeten Nachvollzug weiter Kreisläufe (zum Beispiel durch Rückführung auf Axiome) und vollzieht sich stufenweise im Verlauf der von den Lehrern abgehaltenen Kurse. Es sind zunächst die Körperorgane, insbesondere Auge, Hand und Gehirn, die sich zum Lesen und Schreiben koordinieren, es ist aber auch der gesamte Körper, der zur Sammlung die Gewohnheit der langanhaltenden sitzenden Haltung annimmt.

So schickt man z. B. Kinder anfangs in die Schule, nicht schon in der Absicht, damit sie dort etwas lernen sollen, sondern damit sie sich daran gewöhnen mögen, still zu sitzen und pünktlich das zu beobachten, was ihnen vorgeschrieben wird, damit sie nicht in Zukunft jeder ihrer Einfälle wirklich auch und augenblicklich in Ausübung bringen mögen.[25]

Diese Neutralisierung der Motorik ist die Basis für die Konstitution eines Gegenstands der Aufmerksamkeit, der hier zum Gegenstand des Wissens, das heißt zum konstruierten Objekt wird, durch die Erinnerung der Transindividuationsabläufe einerseits und durch die Wiederholung solcher Abläufe durch den Schüler andererseits, der sie nur verinnerlichen kann, indem er sie im Üben nachvollzieht. Es ist somit das gesamte Nervensystem, das die Vielzahl an aufmerkenden Haltungen erlernt, die man als Konzentration bezeichnet. Sie spiegelt sich auf der Ebene der Synaptogenese wider und kann heute durch die bildgebenden Verfahren visualisiert werden.

Die Transindividuationsabläufe schreiben sich gewissermaßen als Kreisläufe von synaptischen Verbindungen in die graue Hirnmasse ein. Mit anderen Worten ist es die kollektive Individuation, bei der das Transindividuelle die Realität bildet, welche das mit dem Transindividuationsprozeß assoziierte symbolische Milieu formt. Gestützt von tertiären Retentionen, also von technischen, mnemotechnischen und psychotechnischen Organen (deren Organisation im Verlauf der Grammatisierung zunehmend analytischer und diskreter wird), wird sie in den kortikalen und subkortikalen Regionen des individuellen Gehirns engrammiert und steuert mit dessen Hilfe die physiologischen Funktionen.

Aufgabe des Erziehungssystems und sämtlicher Sorge-Systeme ist es, die Schaltkreise dieser sozialen, technischen und physiologischen Organologie anzubahnen, zu übermitteln und zu individualisieren, das heißt auch zu transformieren – als intergenerative Konstitution des Es. Diese Schaltkreise sind es, die die Psychotechnologien zerstören, indem sie sie kurzschließen, womit sie zugleich das Erziehungssystem wie auch die Demokratie als politisches System der Sorge ausschalten.

Die Aneignung von Körper- und Geistestechniken, somatischen Techniken und Psychotechniken, vollzieht sich durch die Praxis der *hypomnemata*, die der Bildung eines kollektiven Individuums zur Verfügung stehen. Ziel ist es, einer Generation (die erst *im Laufe dieses Prozesses* zu *einer* Generation wird) den Zugang zum *otium* zu verschaffen (ein Wort, das besser mit »Muße« als mit »Freizeit« übersetzt wird). Der Schulbesuch ist tatsächlich der gesetzliche und sogar verpflichtende Aufschub der Notwendigkeit, sein Leben den Subsistenzen zu widmen, was *wir* – die pharmakologischen Wesen des beginnenden 21. Jahrhunderts – vergessen haben, was jedoch zu Zeiten der Durchsetzung der Schulpflicht eine außerordentliche Errungenschaft war. Insofern bringt er eine Nobilitierung von Kindheit und Jugend mit sich, die allein *dadurch* befähigt wird, Mündigkeit in Form einer Souveränität zu erlangen, die im Bemühen erworben wird, sich der Unmündigkeit zu entreißen – in einer Schlacht für die Intelligenz, die mehr oder weniger jeder in eigener Sache führt.

Das griechische Wort für *otium* ist *skhole*: die Kontemplation als das Privileg des Adels, der, wie Platon und Aristoteles betonen, von den Aufgaben des Lebensunterhalts befreit ist. Die »Anamnese« als Frucht der Dialektik ermöglicht es, einen von allen Einzelinteressen und Zwecken der Nützlichkeit befreiten Dialog zu führen und insofern souverän zur Ideenwelt vorzudringen.

Es ist die Anamnese nicht nur als Verinnerlichung des Dialogs – als *Mäeutik*, wie sie Sokrates praktiziert –, sondern auch als Verinnerlichung der hypomnetischen Spuren der langen Kreisläufe der Transindividuation, wobei das rationale Wissen uns ein Korpus von Disziplinen vermacht hat, das die Dialektik des Denkens, die *dianoia*, mit sich bringt.

Dianoia ist die Freiheit des Denkens, seine Nobilität, zu der organologisch die geistigen Übungen der handelnden Vernunft verhelfen. Im Durchgang durch die rationalen Disziplinen führt die Transindividuation, indem sie Signifikationen erzeugt (Ideen, Axiome, Theoreme, Thesen, Elemente, formalisierte Inhalte aller Art), die Lernenden auf die Ebene des inneren Zusammenhangs, das heißt der nichtexistierenden Objekte. Die Nobilität verschafft dem Menschen die Freiheit, sich auf etwas jenseits dessen, was ist, zu entwerfen. Die Nobilität des Geistes ist die Vernunft als Fähigkeit zur Projektion von Wissensgegenständen, die als *gewünschte* unendlich sind.[26]

Diese Freiheit der Vernunft, eine Freiheit zur Kritik, zur Unterscheidung, Analyse und Resynthese des Analysierten, eine Freiheit zur völligen Neuordnung[27], die eine rationale Imagination, eine vernünftige Vorstellungskraft gebiert, orientiert sich in ihren synthetischen Möglichkeiten an ihren Kapazitäten, diese in-existenten, jedoch *als Protentionen* bestehenden idealen Gegenstände zu entwerfen. Diese Protentionen (zu denen auch der Wunsch nach Wissen und nach unendlicher Erweiterung des Wissens gehört) sind im Laufe des Unterrichts durch verinnerlichte Retentionen als weite Kreisläufe innerhalb der transindividuellen Disziplinen erzeugt worden.

Platon nennt die Gegenstände, auf die *skhole* und *otium* gerichtet sind, *eide*, Ideen. Sie sind zugleich die Gegenstände der eidetischen Analyse, durch die Husserl das entdeckte, was für ihn der Kern der Intentionalität war. Sie bestimmen die *Einheit von Retention, Protention und Erwartung*, die sich als deren Zusammenspiel bildet. Diese intentionalen Kerne sind in der phänomenologischen Methode die idealen Gegenstände, die alles rationale Wissen entwerfen. Diese Wissensbereiche werden durch die idealen Gegenstände als das organisiert, was Husserl regionale Ontologien (Regionen des Wissens vom Seienden) genannt hat.

21 Die Einheit der Artgenossen, die Rekonstruktion der kollektiven Intelligenz und die neue organologische Anordnung

Die Protentionen, die nicht existieren und die niemals existieren werden,[28] die jedoch unsere rationale Existenz als pharmakologische Wesen leiten, sind ebensosehr Objekte des Wünschens wie zu Wissenschaft gewordene Früchte der Phantasie, das heißt des Es. Man kann hier erkennen, daß es *das Wissen ist, das die intergenerativen Beziehungen* nach spezifischen und organologisch umgrenzten Prozeduren *organisiert* (so wie Platon im *Parmenides* erkennt, daß ein Vater nicht ein bloßes Abbild ist).

Das Erziehungssystem zeichnet die Zugangswege zur Ebene dieser nichtexistenten Objekte nach, und diese Spur ist eine Methode: die Wiederherstellung des Weges (*methodos*[29]), wie er von der älteren Generation *vorgezeichnet* wurde und von den Nachkommen *nachvollzogen* wird, die ihn erneut durchlaufen und den die Besten unter ihnen weiterführen werden. Dieser Weg ist eben das, was man als die Wissenschaft und das Wissen bezeichnet – ein Weg, durch den die Generationen sich auf einer Grundlage, die weder ethnisch noch religiös ist, gegenseitig erkennen. Dieses Wiedererkennen, das die einzige solide Basis für die Einheit der menschlichen Art in einer industriellen Gesellschaft darstellt, wird durch die Programmindustrien ruiniert, indem sie die Verwirrung des Generationenverhältnisses vorantreiben, die allenthalben aufbrechenden archaischen Reaktionen gegen das kritische Bewußtsein instrumentalisieren und letztlich den psychischen und den sozialen Apparat zerstören.

Als öffentliche, verpflichtende, säkulare und nationale Anstalt war die Schule damit beauftragt, Aneignungsprozesse zu organisieren – Aneignung der hypomnetischen Psychotechnologien, der Wissensarten, der Fremdsprachen, der Zuwanderer, des Fortschritts, der unaufhörlichen industriellen Neuerungen, des Unbestimmten, das aus einer zunehmend beschleunigten Zukunft hervorquillt, usw. Dies geschah unter der *Vorherrschaft der Idealitäten*, die den Bezugsrahmen des Individuationsprozesses als gemeinsamen Horizont allen Wünschens bereitstellen und auf diese Weise die Konflikte zwischen den verschiedenen Individuationsformen zu schlichten ermöglichen, die die Bürger und Gruppen sich angeeignet haben: Das Erziehungssystem ist somit die Stütze des republikanischen Prozesses der kollektiven primären Identifikation. Das setzt jedoch voraus, daß dieses System die Organisation des Zugangs zu diesen Idealitäten bevorzugt behandelt (und, wie wir im nächsten Kapitel sehen werden, auf die Verpflichtungen reagiert, die durch die Mutationen der Aufmerksamkeit auferlegt werden).

Dieser grundlegende Auftrag erzeugt selbstverständlich keine nationale »Identität«: Er läßt im Gegenteil die nationale Differenz und Andersartigkeit aufblühen, indem er den Individuationsprozeß im psychischen und kollektiven Bereich intensiviert und aus ihm immer wieder neue Singularitäten hervorgehen läßt. Es ist die ihrer Natur nach unvollendete Individuation selbst, die nicht als *Identität* (als Staat) existiert, sondern als *Prozeß*: Stets in der Ankunft begriffen und sich nur deshalb eine Zukunft eröffnend. Nur als solche vermag sie eine Einheit im sozialen Korpus[30] herzustellen – auf nationaler und hoffentlich demnächst auch auf europäischer Ebene.

Das Erziehungssystem als Mittel zur Erzeugung des referentiellen Individuationsprozesses gerät am Ende des 20. Jahrhunderts in Konflikt mit den Kulturindustrien, welche das Diachronische und Synchronische zer-setzen, indem sie das *Ich* und das *Wir* durch ein *Man* ersetzen, das beide miteinander vermengt,[31] und zwar *in dem strikten Sinne, daß es die Generationen vermengt.* Kulturindustrien transformieren die assoziierten symbolischen Milieus in dissoziierte und entsymbolisierte, das heißt entsublimierte Milieus.[32] In dieser Weise konfigurieren sie das symbolische Milieu, in dem *wir* leben. Ihre Entwicklung ist einer industriellen Gesellschaft inhärent – *erst recht* einer hyperindustriellen Gesellschaft.

Es kann also nicht darum gehen, die kulturindustriellen Psychotechnologien zu verwerfen, sondern sie in Technologien des Geistes, in Nootechnologien zu trans-formieren. Es gilt, diese Industrien zu revolutionieren, denn sie sind zur *organologischen Infrastruktur* der Schlacht für die Intelligenz geworden, die selbst zu einem ökonomischen Krieg geworden ist. Die Kulturindustrien, das *Arsenal* dieses Krieges, müssen situationsgerechten Regulierungszwängen unterworfen werden. Es gilt aber auch, sie mit Forschungs- und Entwicklungsabteilungen auszustatten, die ihnen heutzutage völlig fehlen, unterstützt durch ein nationales und europäisches Rahmenprogramm für die Forschung.

Das Ziel sollte sein, zwischen dem Erziehungssystem – den Familien, Schulen und Universitäten – einerseits, und dem Verlagssystem andererseits, zu dessen Hauptsektoren die Kultur- und Programmindustrien aufgestiegen sind, ein neues Sorge-System zu entwickeln, das im Dienst eines organologisch überdachten Industriemodells steht: eines Industriemodells, das die Ära des Konsumenten überwunden hat. Bei der Debatte um die Schule stellt sich demnach zunächst die Frage, wie es in Zukunft möglich sein wird, die folgenden beiden Komplexe organologisch zusammenzufügen:

1. die Erziehungsstrukturen, das heißt die Programminstitutionen, die mit der Konstruktion dieser *noesis*[33] beauftragt sind, sowie

2. die Kulturindustrien, das heißt die Programmindustrien.

Die Zusammenfügung kann sich in einem Moment anbahnen, in dem sich die digitalen Technologien der Transindividuation durchsetzen und mit ihnen der Amateur als ein neuer Typus, der den Konsumenten[34] überwunden hat und der statt dessen individuell *wissen und Wissen vermitteln* möchte.

Die Schule ist heute nur unter der Voraussetzung vorstellbar, daß man ihre organologische Entwicklung berücksichtigt, welche industriell und techno-logisch geworden ist und zahllose psychotechnologische Apparaturen, Hilfsmittel und Netzwerke wie auch neue Verhaltensformen hervorbringt. Sämtliche Prozeduren der Wissensbildung vollziehen sich in diesem neuen instrumentellen Milieu[35] des Vermittelns von Konsistenzen, die nun nicht nur als Konsistenz des Seienden, sondern auch als Konsistenz des Werdenden aufzufassen sind.[36]

Dies wiederum erfordert, daß der Erziehungsgemeinschaft (Lehrern und Schülern) ein *genealogisches Verständnis* ihrer hypomnetischen Hilfsmittel vermittelt wird. Dabei sollte von den jüngsten Stützen ausgegangen werden, um zu den entferntesten zurückzukehren, als Analyse des Grammatisierungsprozesses und der Entwicklung des Transindividuationprozesses, und als Geschichte der *Aufmerksamkeitskonstruktion*. Man sollte die Erziehungsgemeinschaft lehren, für *die Psychotechniken der Aufmerksamkeitsvereinnahmung* – für die technologische Reflexivität – *aufmerksam* zu sein.

Denn nur ein genealogischer Zugang zum Wissen, der dessen ursprüngliche techno-logische Dimension offenlegt, ermöglicht das Verständnis dafür, wie das Wissen im modernen Sinne technologisch, also *industriell* wird und als technisch-wissenschaftliches Wissen die Hauptfunktion des zeitgenössischen Produktions- und Konsumtionssystems bildet. Nur so wird es möglich, diese Funktion und dieses System konstruktiv zu kritisieren. Einen wichtigen Ausgangspunkt für das Projekt dieser Genealogie bildet Michel Foucault. Ungefähr zur selben Zeit, als er erklärte, zeigen zu wollen,

> in welche Richtung eine Analyse der Macht gehen könnte, die sich nicht auf einen juristischen, rein negativen Machtbegriff beschränkt, sondern den Gedanken einer Technologie der Macht entwickelt,[37]

begann er auch, die hypomnetischen Techniken des Wissens zu untersuchen, indem er die Psychotechniken der Aufmerksamkeit in den *Technologien des Selbst* (1982) und in *Über sich selbst schreiben* (1983) analysierte. Allerdings hat die biopolitische Analyse, die Foucaults Spätwerk beherrscht, in mancher Hinsicht ein psychopolitisches Denken behindert – das heißt eine Kritik des Kommenden, die von den Psychotechnologien ausgeht.

Uns, die wir versuchen, nicht in die Unmündigkeit des *Man* zu regredieren, drängt sich die Frage nach diesem *psychopolitischen Denken* auf. Was das betrifft, muß die Bestandsaufnahme, was die Frage der Aufmerksamkeit angeht, noch in zweierlei Hinsicht vertieft werden:

1. Wie in den Vereinigten Staaten, in denen diese Frage auf-

grund des vorherrschenden Aufmerksamkeitsdefizits in vielfältiger Weise thematisiert wird, gilt es, dieses nicht nur im Bereich der kognitiven Psychologie, der Psychiatrie, der Pädiatrie und der Pädopsychiatrie zu behandeln, sondern auch in den Erziehungswissenschaften, die ihre »Schlacht für die Intelligenz« jenseits des Atlantiks bereits durch und durch organologisch denken und führen. Es gilt

2. das gegenwärtige Engagement der kognitiven Ergonomie und Ökonomie in Forschungsprogrammen, die auf das Marketing und die Konzeption von Dienstleistungen und Schnittstellen von Informations- und Kognitionstechnologie angewendet werden, im Hinblick auf eine *Ökonomie der Aufmerksamkeit* zu erweitern.

5 Therapeutik und Pharmakologie der Aufmerksamkeit

22 Deep attention, hyper attention and attention deficit disorder: ein generationenbezogener Wandel

Die Studien von Dimitri Christakis und Frederick Zimmerman zeigen, daß die Aufmerksamkeitsvereinnahmung durch die Psychotechnologien der Programmindustrien, die die Kontrolle über den referentiellen Individuationsprozeß durch Ausschaltung der primären Identifikation übernehmen wollen, zur Zerstörung der Aufmerksamkeit als solcher führt, zu dem, was in den Vereinigten Staaten als *attention deficit disorder* bezeichnet wird.

Was Eltern und Erzieher auf der Grundlage dessen, was die Zivilisation an Kostbarstem angesammelt hat, von frühester Kindheit an geduldig und bedächtig formen, ruinieren die audiovisuellen Industrien systematisch mit den vulgärsten Techniken, machen aber zugleich die Familien und das Erziehungssystem für diesen Niedergang verantwortlich. Diese Sorglosigkeit ist der wesentliche Grund für die extreme Schwächung der Erziehungseinrichtungen wie auch der Familienstrukturen.

Um für die Imperative des Marketing verfügbar zu sein, wird das Gehirn vorzeitig seines Bewußtseins beraubt, so daß die Formung der synaptischen Schaltkreise, aus der die Bildung der aufmerkenden Fähigkeit, also das Bewußtsein, besteht, durch Umleitung der Aufmerksamkeit auf Objekte der Programmindustrien blockiert wird. Das derart affizierte oder vielmehr desaffizierte[1] jugendliche Hirn verliert auf diese Weise zunehmend die Fähigkeit, sich in die weiten Kreisläufe der Transindividuation einzugliedern, welche das Wissen im Laufe der Menschheitsgeschichte ermöglicht und verfügbar gemacht haben.

Dieses Wissen, dessen gesellschaftliche Vermittlung dem Erziehungssystem und den intergenerativen Beziehungen obliegt, wird von den Programmindustrien mit Hilfe der Psychotechnologien zerstört. Und dennoch kann *die Zukunft der Erziehung* nur von diesen aus der Digitalisierung der Kommunikation hervorgegangenen Psychotechnologien her gedacht werden.

Das Aufkommen der digitalen Medien hat zu dem geführt, was Katherine Hayles[2] als einen kognitiven Wechsel auf der Ebene der Aufmerksamkeit analysiert und als *generationenbezogene Mutation* beschreibt:

> Wir befinden uns im Hinblick auf kognitive Verhaltensweisen in einem Milieu der generationenbezogenen Mutation, die sämtliche Niveaus des Erziehungswesens, einschließlich der Universitäten, ernstlich bedroht.

Diese Veränderung läßt sich als Entwicklung dessen beschreiben, was Katherine Hayles als *hyper attention* bezeichnet. Sie steht der *deep attention* als einer längerfristigen Aufmerksamkeitsvereinnahmung durch einen einzigen Gegenstand, etwa der Lektüre eines Romans aus dem 19. Jahrhundert, gegenüber. Die *hyper attention* ist

> gekennzeichnet von einem raschen Fokuswechsel zwischen verschiedenen Aufgaben und multiplen Informationsflüssen, der ein erhöhtes Stimulationsniveau anstrebt und der über eine geringe Toleranz für die Langeweile verfügt. [...] Die entwickelten Gesellschaften waren über lange Zeit dazu befähigt, eine Umwelt zu erschaffen, die es ermöglicht, eine tiefe Aufmerksamkeit zu erreichen. [...] Es hat eine genera-

tionenbezogene Mutation stattgefunden, die von der tiefen zur Hyper-Aufmerksamkeit geführt hat.

Entspricht die *hyper attention* einem »generational shift«, so gilt es laut Katherine Hayles, die Möglichkeit einer Synthese beider Aufmerksamkeitsformen zu untersuchen.

Ein Bericht der *Kaiser Family Foundation*, überschrieben mit *Generation M: Media in the Lives of 8-18 Year Olds*, gibt an, daß die durchschnittliche Zeit, die die (amerikanische) Jugend täglich, auch an Schultagen, mit den Medien verbringt, sechseinhalb Stunden beträgt. Berücksichtigt man jedoch, daß diese Zeit mit mehreren Medien zugleich verbracht werden kann, beträgt der absolute Durchschnitt achteinhalb Stunden.

Der Bericht betont auch, daß die Lektüre von Büchern die Medienform ist, die die Jugend in ihrer Freizeit am seltensten benutzt.

Wenn die jungen Amerikaner, die von der *Kaiser Family Foundation* beobachtet wurden, eine Arbeit zu erledigen haben, verrichten sie diese im »Multitasking« – aufgrund ihrer »Präferenz für ein erhöhtes Stimulationsniveau« bleiben sie während der Arbeit mit verschiedenen Medien verbunden.

Nun ist diese Suche nach Stimulation, wie Hayles schreibt, auch mit der Aufmerksamkeitsdefizitstörung (ADS) und der Aufmerksamkeitsdefizit-Hyperaktivitätsstörung (ADHS) verbunden.

Im Hinblick auf diese Störungen fährt sie fort, daß

Universitätsstudenten und Gymnasialschüler Ritalin, Dexedrin und vergleichbare Drogen einnehmen, wenn sie sich auf eine wichtige Prüfung vorbereiten müssen [...], wobei sie kortikale Stimulantien suchen, die ihnen helfen, sich zu konzentrieren. [...] Es sind kompensatorische Taktiken entwickelt worden, um die Vorzüge der tiefen Aufmerksamkeit

mit Hilfe von chemisch auf die Hirnfunktionen einwirken-
den Mitteln beizubehalten.

In diesem Zusammenhang verweist sie wie Zimmerman und
Christakis auf die Synaptogenese:[3]

> Die Plastizität ist ein biologisches Merkmal des Gehirns: Die
> Menschen werden mit einem Nervensystem geboren, das
> imstande ist, sich in Abhängigkeit von seiner Umgebung
> zu rekonfigurieren. [...]

Die Entwicklung des Zerebralsystems eines Neugeborenen verläuft über einen Ausästungs-Prozeß (*pruning process*), bei dem
sich aktivierte neuronale Verbindungen verstärken und wach-
sen, während die inaktiven absterben und verschwinden. Die
zerebrale Plastizität vollzieht sich während der Kindheit und
Jugend und setzt sich in mancher Hinsicht auch im Erwachse-
nenalter fort. In den gegenwärtigen entwickelten Gesellschaften impliziert diese Plastizität, daß die synaptischen Verbindungen des Hirns sich in Milieus entfalten, in denen der
Medienkonsum ein vorherrschender Faktor geworden ist. Kinder, deren Wachstum sich in solchen Milieus vollzieht, haben
anders vernetzte und verschaltete (*wired*) Gehirne als andere
Menschen, die die Geschlechtsreife nicht unter vergleichbaren
Bedingungen erreicht haben.

Forscher des *Weill Medical College* der Cornell-Universität
konnten mit Hilfe der MRT (Magnetresonanztomographie)
beobachten, daß Gehirne von sechsjährigen Kindern, die Videospiele spielen, signifikante Abweichungen zu gleichaltrigen
Probanden aufweisen, die die Videos lediglich betrachten. Auf
der Basis dieser Studie entwickelt Katherine Hayles die Hypothese, daß

> die Stimulation durch die Medien, falls sie in geeigneter
> Weise strukturiert ist, tatsächlich zu einer synergetischen

Kombination zwischen *hyper attention* und *deep attention* beitragen kann, was interessante Implikationen für die Pädagogik hat.

23 Synaptogenese der Mündigkeit

Das Lesen ist eine überaus wirkungsvolle Technik, um die Aktivitätsstrukturen im Hirn zu bündeln. Wird sie, wie das in entwickelten Gesellschaften der Fall ist, bereits in einem frühen Alter eingeübt, scheint der Prozeß des Lesenlernens signifikant zur Synaptogenese beizutragen.

Als neuronale Übertragung und Individuation entspricht die Synaptogenese der Konstruktion des Aufmerksamkeitsapparates, der das Bewußtsein im Sinne Freuds ist und zum kritischen Bewußtsein der kantschen Mündigkeit werden kann – was das Ziel eines modernen und demokratischen Erziehungssystems darstellt. Voraussetzung dafür ist, wie Kant schreibt, daß dieses Bewußtsein vor und innerhalb eines Publikums der Leserwelt schreiben, das heißt eine Synaptogenese entwickeln kann, die durch diese spezifische Psychotechnik hervorgerufen wird.

Die Studie der *Kaiser Family Foundation* zeigt dagegen, daß die Aufmerksamkeit von Kindern, die wenig lesen, sich zunehmend früher auf verschiedene Kanäle zersplittert, auf die sie simultan »abfahren«. Daraus schließt Hayles, daß die synaptischen Schaltkreise dieser Kinder nicht dieselben sind wie die ihrer Vorfahren. Sie betont jedoch die Nützlichkeit der *hyper attention* für zahlreiche soziale Aktivitäten – etwa für die Luftfahrtkontrolle – und entwickelt die Hypothese, daß eine Verknüpfung von *deep attention* und *hyper attention* möglich und sogar notwendig ist.

Anhand verschiedener Experimente beschreibt sie die Möglichkeit einer solchen Verknüpfung und gelangt zu dem Ergebnis, daß sich, geht man »von der *hyper attention* [...] zu traditionelleren Lernobjekten über«, die »Fähigkeit zur *deep attention*« durchaus erhöhen läßt.

Dennoch werfen die Vorschläge Hayles', die mit verheißungsvollen Begriffen ein organologisches Konzept der Verknüpfung von Erziehungssystem und psychischem System entwerfen, verschiedene Probleme auf:

1. Die Qualifizierung des von Hayles als generationsbezogene Mutation herausgestellten kognitiven Verhaltens durch den Superlativ »hyper« ist keineswegs selbstverständlich.

2. Das entsymbolisierende und entindividualisierende Milieu, sein gewaltiger Einfluß, die Legitimität seiner Zielsetzungen, seine Regulierung und auch sein Verhältnis zur Staatsgewalt werden in keiner Weise hinterfragt.

Die bloße Verbesserung des organologischen Milieus im Klassenzimmer wird kaum genügen, um die Programmindustrien zu bekämpfen, deren Hauptmotiv in der Übernahme der Kontrolle des gesellschaftlichen Bezugsrahmens überhaupt besteht. Denn ihnen geht es um nichts Geringeres als um die Ausschaltung der familiären oder durch Wissen als *episteme* (im Sinne Foucaults) rekonstruierten Beziehungen, die das Zusammenleben begründen.

Solange die *hyper attention* nicht einer essentiellen, strukturellen und methodologischen *Kritik* (einer produktiven Analyse ihrer Grenzen im Sinne Kants) unterzogen wird, ist es demnach nicht ungefährlich, eine Verknüpfung von *deep* und *hyper attention* zu verfolgen.

Denn ohne eine solche Kritik ist der Unterschied zwischen diesen beiden Formen der Aufmerksamkeit, von denen allein die *deep attention* mit ihrer spezifischen Form der Synaptogenese den Zugang zur Mündigkeit ermöglicht, für die »Generation M« weder verständlich noch nachvollziehbar. Wenn die Klassenzimmer für diese Generation – auf welch organologischer Basis auch immer – die Aufgabe übernehmen sollen, die Einheit der Generationen herzustellen, so dürfen sie sich nicht auf die *Konsumtion* von Objekten und Informationsflüssen beschränken, sondern müssen sich auf den referentiellen (psychischen wie kollektiven) *Individuations*prozeß gründen, auf die intergenerationelle, durch tertiäre schriftliche Retentionen gestützte Beziehung, die das Wissen konstituiert.

24 Die Hyperbeanspruchung der Aufmerksamkeit und das Aufmerksamkeitsdefizit

Um diese Punkte zu klären, muß die Frage vertieft werden, inwieweit der Wandel der Aufmerksamkeit tatsächlich eine Erscheinung der *hyper attention* ist. Denn das, was Katherine Hayles als Hyper-Aufmerksamkeit beschreibt, präsentiert sich zunächst eher als eine nicht nur »verteilte«, sondern auch zerstreute, versprengte, ja aufgelöste Aufmerksamkeit. Im genannten Beispiel der Luftfahrtkontrolle ähnelt die Aufmerksamkeit zunächst viel mehr einer Art von Wachsamkeit, die ohne eigentliches Bewußtsein und für wilde Tiere charakteristisch ist.

Das animalische Nervensystem, das in erster Linie der Verteidigung gegen Freßfeinde dient, das heißt dem Kampf ums Überleben und dem Instinkt der Arterhaltung[4], befindet sich ebenfalls im Modus des »Multitasking«. Es muß, genauer gesagt, wie es in der Informatik heißt, imstande sein, die »Hintergrundprozesse« zu verwalten. Ein Raubtier, das beispielsweise einen

Hirsch ausweidet, ist während des Ausweidens wachsam, in erster Linie wegen der möglichen Anwesenheit seiner Freßfeinde. Es kann zur selben Zeit, wie es weidet und über sich selbst wacht, auch seine Welpen bewachen, oder über sein Weibchen, das selbst weidet und seinen Nachwuchs bewacht.[5]

Das von Hayles Beschriebene ist selbstverständlich weitaus komplexer zu fassen denn als schlichte animalische Wachsamkeit. Von Hyper-Aufmerksamkeit zu sprechen bedeutet jedoch, ein Superlativ zu übernehmen, der glauben macht, dieses kognitive Verhalten sei auf sein Objekt äußerst konzentriert, vorausgesetzt die Aufmerksamkeit ist stets mehr oder weniger eine Modalität der Konzentration auf ein Objekt. Die *hyper attention* scheint mir zwischen der im Dienst des Selbsterhaltungsinstinktes stehenden Wachsamkeit und dem, was man in der psychoanalytischen Psychotechnik »freischwebende Aufmerksamkeit« nennt, angesiedelt zu sein.

Es handelt sich dabei um zwei Grenzformen und beinahe paradoxe Formen der Konzentration, insofern sie sich auf zwei oder mehr verschiedene Objekte aufteilt. So kann es beispielsweise für den Hirsch das reale Zentrum einer Pflanze geben, die er gerade frisst, und ein anderes, mögliches oder virtuelles Zentrum, das befürchtete Raubtier; oder aber es gibt neben dem realen Zentrum der Pflanze weitere, jedoch eher dezentralisierte – und infolgedessen nicht kon-zentriert wahrgenommene Realitäten wie das Weibchen des Hirschs und seine Jungen, und dann das mögliche Raubtier als das virtuelle Zentrum, das am wichtigsten ist, auch wenn es aktuell am wenigsten real ist. Zwei Objekte der Aufmerksamkeit erfordern einen doppelten Fokus und führen damit zu einer in gewisser Weise getrübten, elliptisch verfaßten Konzentration. Mehr als zwei Objekte hingegen bilden ein Netzwerk, in dem zahlreiche Ausrichtungen von

Aufmerksamkeit möglich sind, vor allem, wenn die Synaptogenese eine Spezialisierung beinhaltet, die es ermöglicht, diese zu unterscheiden und zu erinnern.

Die Praxis der freischwebenden Aufmerksamkeit, die in einem »wie eine Sprache strukturierten« symbolischen Milieu angesiedelt ist, läßt zwei Signifikantenketten interferieren: die des Analysierten, der seine Assoziationen verbalisiert, und die des parallel dazu assoziierenden Analytikers. Auf diese Weise werden unbewußte Inhalte zusammengefügt, jedoch nach einer Logik des *Zufalls*. Aus diesem Grund spricht man vom Freischweben: Die »Logik« ist derjenigen des Traums und der Traum*arbeit* verwandt, weshalb die freischwebende Aufmerksamkeit – als Möglichkeit zufälliger Verbindungen – in dieser Hinsicht mit Katherine Hayles als *hyper attention* bezeichnet werden kann.

Mir scheint, daß es bei diesen Beschreibungen der Hyper-Aufmerksamkeit tatsächlich eine Art Unentschiedenheit gibt, und zwar zwischen einer Situation der simultanen Aufmerksamkeitsbeanspruchung durch mehrere Medien einerseits und einer Absorption – wenn nicht gar einem Ertränken – der Aufmerksamkeit in äußerst fesselnden Objekten andererseits, die insofern hyperstimulierend sind. In einer ihrer Beispiele aus der eigenen pädagogischen Praxis schlägt Hayles vor, das Videospiel *Riven* mit Faulkners Roman *Absalom, Absalom!* zu verbinden. Das scheint eine Kombination dieser beiden Situationen zu sein: Es handelt sich darum, die Aufmerksamkeit der Studenten als »Multitasking« zwischen zwei Quellen, dem Videospiel und Faulkners Text, zu verteilen. Wie mir scheint, wirkt diese Verteilung an sich jedoch keineswegs stimulierend, sondern verlangt im Gegenteil eine Distanzierung. Letzten Endes müßte man zwischen zwei Modalitäten der Verknüpfung von *deep attention* und *hyper attention* unterscheiden:

1. Es können parallele Kreisläufe der Transindividuation und zwischen ihnen Anknüpfungspunkte geschaffen werden, deren größter Vorteil meines Erachtens in ihrem Zufallscharakter und in der Entstehung neuer Kontexte liegt.

2. Bei strukturellen Homologien zwischen den Objekten der *deep attention* und den leichter zugänglichen Objekten der *hyper attention* können letztere als *boot strapping* (oder Sprungbrett) für die Formierung der tiefen Aufmerksamkeit genutzt werden.

Bei der Beschreibung der sogenannten *deep attention* bezieht Hayles sich nicht auf die Konzentration: Sie charakterisiert die Tiefe dieser Aufmerksamkeitsform durch ihre Dauer. Es stimmt, daß diese Dauer einem einzelnen Objekt zukommt, das insofern im Zentrum der Aufmerksamkeit steht. Nun ist es dieser Beschreibung zufolge so, daß nicht die Konzentration das Objekt als Gegenstand der Aufmerksamkeit stabilisiert, sondern die Dauer seiner Wahrnehmung. Man kann sich aber sehr wohl eine Aufmerksamkeit vorstellen, die andauert, ohne wirklich konzentriert zu sein, indem sie lediglich gebannt, kanalisiert und gewissermaßen passiv ist. Bei der Kanalisierung der Aufmerksamkeit durch das Fernsehen ist das der Fall – diese mündet dann allerdings in das Zappen, das heißt bereits in etwas, das sich der sogenannten Hyper-Aufmerksamkeit von Katherine Hayles annähert. Diese relative Verringerung der Konzentration ist zweifellos ein Effekt, mit dem sie für die Antithese zwischen tiefer Aufmerksamkeit und Hyper-Aufmerksamkeit argumentiert. Letztere verdankt ihre Qualität ihrer Intensität, die letztendlich ein Ergebnis ihrer Kürze ist: Sie ist eine Art Aufblitzen.

Das *Nicht-Andauernde* stimuliert die *hyper attention*, die unablässig von einem Objekt zum anderen springt, die zerstreut und unkonzentriert »herumzappt« – so wie man von unkonzentrierten Kindern spricht, die dazu stimuliert werden, von einem Datenfluß zum nächsten zu »switchen«. Die Multiplizität der Aufgaben ist dann nämlich eine Multiplizität der Datenflüsse, das heißt der Fernsehkanäle und der Programmindustrien, die sich wie Haie *um Aufmerksamkeit streiten*, die hier auch eine Ware ist und damit ein Zuschauerpublikum, das insofern wahrscheinlich eher »*hyper-beansprucht*« als »*hyper-aufmerksam*« ist. Und zwar, weil daraus eine *Hyper-Stimulation* resultiert, die jedoch Infra-Aufmerksamkeit erzeugt. Deswegen bringt Hayles die *Hyper-Aufmerksamkeit* ja auch mit der *Hyperaktivität* als einer komplexen Form des *Aufmerksamkeitsdefizits* in Verbindung. Aber ist es nicht paradox, etwas als *Hyper-Aufmerksamkeit* zu bezeichnen, das man mit einem Aufmerksamkeitsdefizit verbindet, also mit dem, das dieses Defizit *erzeugt*?[6]

Ich denke, es ist weniger die Dauer, die die Tiefe der Aufmerksamkeit erzeugt, als vielmehr die *Länge oder Weite der Kreisläufe der Transindividuation*, die diese aktiviert. Das kann sehr rasch geschehen, selbst wenn die Dauer gerade im Prozess des Erlernens die Vorbedingung dafür ist. Es sind diese zahlreichen Verknüpfungen, die den Kreislauf und dessen Länge erzeugen und dabei auch ein Netzwerk bilden, das eine Art Textur ist. Sie sind um so mehr wie ein Stoff, wie ein resistentes und sogar konsistentes Gewebe, als sich die Verknüpfungen nach Regeln vollziehen, die auch Schlingen sind und Steppunkte, wie es in der Stoffherstellung heißt. Wenn es sich darum handelt, eine kritische und rationale Aufmerksamkeit anzubahnen, so sind diese Knotenpunkte die Formen oder Motive, die die Regeln des Transindividuationsprozesses definieren, aus dem der *Gegenstand* der Aufmerksamkeit entsteht. Auf diese Weise werden die Regeln des Prozesses definiert, der die Aufmerksamkeit hervorbringt, jedoch seinerseits umgekehrt auch *von dieser Aufmerksamkeit hervorgebracht wird*: indem sie ihm Aufmerksamkeit schenkt.[7]

25 Die Grammatisierung des Kontextes der Aufmerksamkeit

Eine konzentrierte Aufmerksamkeit ist in der westlichen Gesellschaft jene, die ihr Objekt nicht nur beim Wort, sondern auch beim Buchstaben nimmt, die es schriftlich konstruiert und folglich einen Text formt, durch den dieses Objekt beschrieben, analysiert und resynthetisiert, das heißt rational begründet wird. Das auf diese Weise *grammatisierte* Objekt kann eine Definition, ein Theorem, eine Demonstration oder ein Experiment sein, dessen Protokolle schriftlich niedergelegt werden. Allerdings geschieht diese Einrahmung des Objekts, die ihm durch seine Textualisierung gewissermaßen seine rationale Stofflichkeit verleiht, niemals *außerhalb eines Kontextes*.

Nun ist festzustellen, daß dieser Kontext sich heutzutage in nichtschriftlichen oder nicht ausschließlich schriftlichen Formen grammatisiert: in Formen, die von den Psychotechnologien der Programmindustrien als Instrumente der Liquidierung von Aufmerksamkeit eingesetzt werden. Diese neuen, nichtschriftlichen Formen der Grammatisierung formen nun auch das symbolische Milieu, in dem sich die Synaptogenese der jungen Generationen vollzieht. Ein *Text*, der heutzutage für die hyper-beanspruchte Jugend Sorge tragen soll, muß sich der Aufgabe stellen, diese Apparate zu einem neuen sozialen Apparat zusammenzufügen.

Was die Herstellung von Verknüpfungen betrifft, aus denen die

Aufmerksamkeit als Reaktivierung und Fortsetzung eines Transindividuationskreislaufes besteht, so erzeugt die verteilte Aufmerksamkeit (*hyper attention*) ein neues Milieu und insofern einen neuen Kontext auch für die tiefe Aufmerksamkeit. Die Gewohnheiten der in der *Kaiser Family Foundation* genannten jungen Amerikaner, mit mehreren Medien wie Radio, Internet, Fernsehen usw. gleichzeitig verbunden zu sein, erscheinen mir eher als Fälle informationeller Konsumtion denn verteilter Aufmerksamkeit: Dabei entsteht gerade aus dem *Verlust* von Aufmerksamkeit ein oft hyperaktives Aufmerksamkeits*defizit* und schließlich eine Entsymbolisierung.

Vergleicht man diese Situation jedoch mit einer Erinnerung Glenn Goulds, so wird sie spannend. Gould soll nämlich während des Spielens einer Mozart-Sonate dem Lärm eines Staubsaugers ausgesetzt gewesen sein, was dazu führte, daß dieses Geräusch zufällige Verbindungen auslöste, die wie Filter auf seine Interpretation wirkten.

Gould benutzt den Lärm wie ein Prisma. Zwischen das Werk und den Interpreten schieben sich, zu dessen Vorteil, eine Reihe von Schirmen oder Filtern, die zugleich Verfahren der materiellen Desensibilisierung (Eliminierung eines Teils des Klangspektrums) und der sensorischen Dissoziation (Entkoppelung des Taktilen und des Klanglichen) darstellen. Auf diese Weise kann das Werk letztlich »abheben«, das heißt sich idealerweise auf eine rein mentale Fläche projizieren: »Was ich bei der zufälligen Begegnung von Mozart und dem Staubsauger gelernt habe, ist, daß das innere Ohr der Imagination ein weitaus mächtigerer Stimulans ist als all das, was einer äußeren Beobachtung entspringen kann.«[8]

Mit anderen Worten, die zufällige Filterung vollzieht sich ausgehend von der konzentrierten Aufmerksamkeit (hier gegenüber dem Text der Partitur) *über* ein *organon*, das Klavier, bespielt von einem weiteren Organ, der Hand, die wiederum über die synaptischen Schaltkreise des Hirns von den Augen gesteuert wird – bis zu dem Punkt, an dem plötzlich ein anderes Element aus dem Kontext ein *Zeichen gibt* und *Zeichen erzeugt*, um sich mit dem laufenden Aufmerksamkeitsprozeß zu *verbinden*.

Ich bin oft selbst in verteilte Aufmerksamkeitsprozesse versunken, bei denen die Träumerei mehr oder weniger weitergeht. Dies ist beim in Gedanken versunkenen Gehen der Fall und erst recht beim Flanieren – wie einst von Walter Benjamin in Paris. Das Gehen kann als deambulatorische Technik genutzt werden, bei der man sich in organischer Beziehung zur repetitiven Motorik der Schritte auf einen Gegenstand konzentriert. Wie auch beim Schwimmen, Laufen oder Fahrradfahren, werden dabei verschiedene Wirkungen erzielt, die aufgrund der körperlichen Anstrengung durch die Ausschüttung von Dopaminen noch gesteigert werden können. Dies kann sich mit einer zufälligen Betrachtung, einer Landschaft oder irgendeinem Ereignis verknüpfen. Ein unerwarteter Zufall, für den das Umhergehen oder Herumgehen, die *deambulatio*, als die psychomotorische Organisation einer Form von verteilter Aufmerksamkeit erforderlich ist.

Die Szene, in der Proust in seiner *Suche nach der verlorenen Zeit* mit dem Fuß an einen Pflasterstein stößt, gehört einer derartigen Notwendigkeit des Zufalls an. Solche Zufälle lösen einen anderen Typ von Anamnese aus als den, für den Platon eine Theorie des Zugangs zum Ideenreich entwickelte. Und wenn Proust die Marktschreier erwähnt, die er in seinem Zimmer hört und die seine Träumereien auslösen, handelt es sich ebenfalls um eine zerstreute Aufmerksamkeit – die zwar sehr wohl durch diese Zerstreuung bestimmt wird, aber doch nur insoweit, als sie sich mit Prousts Arbeit in seinem Schreibzimmer (mit seinem Krankenbett als einer förmlichen Aufmerksamkeitsvorrichtung) verbindet. Es ist vorstellbar, daß die Nutzung digitaler Medien die Möglichkeiten systematisieren wird, die sich aus Anamnesen dieser oder vielmehr einer dritten Art ergeben.[9] Dies setzt allerdings eine Analyse der jeweiligen organologischen Besonderheiten voraus.

In *La désorientation* habe ich darzustellen versucht, daß die Textualisierung eines Gegenstandes der Aufmerksamkeit diesen in einer *in sich differenten Identität* konstituiert, welche eine Reihe von Interpretationen auslöst, und zwar dadurch, daß der bei jeder Lektüre neu rekontextualisierte Text jedesmal unterschiedliche Lesarten[10] hervorbringt, die sich dann praktisch in verschiedene Kreisläufe der Transindividuation umsetzen. Was Katherine Hayles beschreibt, ist eine generelle Veränderung der Kontextualität tiefer Aufmerksamkeit auf im wesentlichen verschriftlichte Objekte, die in ihrer Phänomenalität (in der Aufmerksamkeit als der Szene des Phänomens) durch ihren Kontext überdeterminiert sind.

Diese Veränderung beruht darauf, daß die Verteilernetze der klassischen (audiovisuellen) oder neuen (digitalen) Programmindustrien diese Kontexte mittlerweile aus allen geographischen und historischen Zusammenhängen reduplizieren und sie in einem *Netz* verankern – wie das *Web* in Anbetracht dessen, daß sämtliche Formen der Grammatisierung in der digitalen Technologie konvergieren und durch alle möglichen Übertragungswege der Telekommunikationstechnologien verbreitet werden, zu Recht genannt wird. Diese unzähligen Wege haben neue Bedingungen für das Umhergehen und das Flanieren geschaffen.

Das verleiht dem Text als der maßgeblichen Grundlage der *deep attention* einen neuen Typus von Kontextualität, der selbst *durchweg grammatisiert* ist und mit dem der Text in transduktiv strukturierte Beziehungen treten sollte – und zwar nicht nur im Klassenzimmer, sondern auch vor und nach den Hausaufgaben, und mehr oder weniger bei allen Generationen. Auf diese Weise wird es möglich, sich neue Prozesse der Transindividuation und somit eine neue Epoche der Differenz vorzustellen, die vom Erziehungssystem im Hinblick auf nootechnische und noo-technologische Chancen *durchdacht und praktiziert* werden müssen.

Es gibt Ablagerungsschichten der Grammatisierung, denen man in jedem Falle Rechnung tragen muß, wenn man die Organologie des Erziehungssystems neu durchdenkt. Jeder durch die verschiedenen Formen der Grammatisierung ge-schaffene Typus der Aufmerksamkeitsvereinnahmung sollte sy-stematisch registriert und im Hinblick auf seine psychotechni-schen Auswirkungen sowie seine Verbindbarkeit mit älteren oder jüngeren Schichten der Grammatisierung charakterisiert werden. Dabei sollte man die Aufmerksamkeitsformen ihrer Spezifität wegen nach den retentionalen und protentionalen *Flüssen* oder *Strömen* unterscheiden, die von den Psychotech-niken und Psychotechnologien provoziert worden sind.

26 Die Organologie der Aufmerksamkeit als Bewußtseinsstrom und als Element der Politik

In *Le temps de cinéma* ging es mir darum zu zeigen, daß das audiovisuelle Zeitobjekt und die Effizienz seiner Aufmerksam-keitsvereinnahmung dadurch bedingt sind, daß der Bewußtseinsstrom durch die Grammatisierung des Audiovisuellen (man betrachtet und hört nicht mehr die Welt, sondern ihre *Reproduktion* durch diverse Apparate) im strengen Sinne *unterjocht* wird: Das Zeitbewußtsein wird der Zeit des psychotechnologischen Apparates unterworfen. Die Zeitobjekte sind zweifellos die hauptsächlichen Objekte, mit denen die Programmindustrien die Seelen in Zuschauergruppen ohne Bewußtsein verwandeln. Das Fließen oder Strömen von Retentionen und Protentionen, über die sich Aufmerksamkeit bildet, wird von diesen Objekten vereinnahmt. Die Aufmerksamkeit ist dann der kanalisierte *Bewußtseinsstrom*, der sich auf das Fließen des Zeitobjekts konzentriert und auf diese Weise von ihm gebannt wird.

Im Gegensatz dazu steht das Buch, das mittels Buchstaben und durch Grammatisierung der vom Logos verliehenen mündlichen Sprache ebenfalls die Welt reproduziert, dazu jedoch keinen Apparat benötigt, weil die Vorrichtung zur Lektüre bereits in Form von synaptischen Schaltkreisen im Gehirn verinnerlicht worden ist und voraussetzt, daß der Leser das Gelesene schreiben kann. Bei der Lektüre wird die Zeit des Textes, der ein *räumliches*[11] Objekt ist, dem Zeitbewußtsein unterworfen, welche die Zeit des Textes allererst *hervorbringt*. Das Bewußtsein entwirft *seine* Zeit, ohne daß es eine mechanische Kontrolle über das Vorbeiziehen des Textes gäbe, über den Bewußtseinsstrom, der sich im dem Verlauf der Lektüre formiert und die *deep attention* bildet.

Mit der Atomisierung der audiovisuellen Zeitflüsse durch die Digitalisierung ist es heute dennoch möglich, temporäre Objekte mit räumlichen Objekten zu verbinden und dadurch eine neue organische Funktionalität zwischen audiovisuellen Zeitobjekten (als Basis der *hyper attention* im Sinne von Katherine

Hayles) und schriftlichen Objekten (als der historischen Basis für die *deep attention*) zu erzeugen.[12]

Zu den räumlichen Objekten ist beispielweise auch die Partitur zu zählen, die die Musik außer Zeit setzt: Die sogenannte diasthematische Schreibung ermöglicht durch Diskretisierung die Transformation der musikalischen Temporalität und der durch vokale oder instrumentale Register gebildeten Abläufe in Linien, das heißt in Räumlichkeit. Dabei entspricht die Erfindung des Notensystems durch Guido von Arezzo einem Stadium, das die Musik – ebenfalls eine Psychotechnik der ersten Kategorie – ins Zeitalter der Komposition im eigentlichen Sinn des Wortes führte. Es gibt jedoch noch eine Reihe anderer nichtlinguistischer Textualitäten, die sich durch Räumlichkeit auszeichnen – wie beispielsweise die Gemälde, die Foucault zufolge die klassische *episteme* unterstützen, oder die mathematischen Formeln und Sprachen laut Derrida usw.

Auch die Verschriftlichung der mündlichen Sprache, die natürlich zunächst ein Zeitobjekt ist, besteht in der Verräumlichung. Der Leser ist derjenige, der diese Räumlichkeit *re-temporalisiert*, die sich ihm jedoch nur präsentieren kann, weil sie zuvor *enttemporalisiert*, das heißt *materialisiert* worden ist: umgesetzt in Form einer tertiären Retention. Ein audiovisuelles Objekt, das sich temporär und nicht räumlich präsentiert, ist selbstverständlich ebenfalls eine tertiäre Retention und in diesem Sinne räumlich: eine Filmspule, eine Kassette oder DVD. Der Apparat jedoch, der das Objekt zu lesen ermöglicht und ohne den es unzugänglich bleibt, re-temporalisiert es *technologisch*, indem er die dem aufmerkenden Bewußtsein eigene Zeitlichkeit ausschaltet und ihm eine Temporalität zuweist, außerhalb deren sich das Objekt überhaupt nicht darstellen würde: Audiovisuell präsentiert es sich nur als unaufhörlicher Durchfluß von Retentionen.

Natürlich erlaubt auch ein audiovisuelles Zeitobjekt das Entstehen einer tiefen Aufmerksamkeit. Ich behaupte aber, daß es als *pharmakon* Eigenschaften aufweist, die essentiell zerstörerisch sind – ebenso wie die Hyperbeanspruchung der Aufmerksamkeit, die Aufmerksamkeitsdefizite erzeugt –, obgleich der Spielfilm ganz offensichtlich eine Kunstform ist, die wie jede Kunst eine tiefe Aufmerksamkeit hervorrufen und insofern ein Heilmittel gegen dieses Gift darstellen kann. Damit das Bewußtsein dieses Zeitobjekt anamnetisch temporalisieren kann, muß es dieses räumlich begreifen und dadurch die Bewegungsfähigkeit zurückgewinnen, mit Hilfe deren es sich seine Zeit nimmt.

Bei diesen *pharmaka* stellt sich die Frage nach einer Therapie, die die Gifte mittels einer Art *Pharmakopöe* dort neutralisiert, wo sie nicht von einem Sorge-System (als Organisation einer politischen wie industriellen und gleichwohl sorgenden Ökonomie) *verschrieben* werden. Insofern ist die von Katherine Hayles beschriebene Situation in sich zwiespältig, was ihren Diskurs mit einer unausgesprochenen Zweideutigkeit belastet. Das Aufkommen des neuen grammatisierten Milieus für Objekte der tiefen Aufmerksamkeit stellt in der organologischen Geschichte der Menschheit einen echten Kreuzweg dar: Das sich in unserer Zeit grammatisierende Milieu gleicht einer Sammlung toxisch gewordener *pharmaka*, deren Toxizität systematisch ausgebeutet wird. Es ist aber auch der einzig mögliche Arzneikasten, um die Sorglosigkeit zu bekämpfen, und steckt voller Heilmittel, deren erstes – seit Beginn der Polis und zunächst für Platon – der Text selbst ist.

Nun betrifft diese Fragestellung nicht nur das Erziehungssystem, sondern auch das *politische Milieu*, das vom *Zustand der Seelen* bestimmt wird – die nichts anderes sind als unterschiedlich strukturierte, mehr oder minder achtsame Ströme von Aufmerksamkeit. Sie formen dieses Milieu entweder *als kritische und rationale*, also *mündige Bewußtseinsträger* oder als *Konglomerate herdenmäßiger Verhaltensweisen* – als künstliche Massen, die durch den regressiven Identifikationsprozeß ihres Bewußtseins beraubt worden sind.[13] Insofern betrifft die Frage nach der Ökologie des Geistes auch die nach der Ökologie des politischen Milieus und nach der Transformation dessen, was man auch als politisches *Element* interpretieren sollte – in dem Sinne, daß das Wasser das Element des Fisches ist, während das politische Element gänzlich organologisch ist (es gibt keine natürlichen Elemente der Politik: das Naturrecht ist eine Fiktion).

Man kann sich indes die Frage stellen, ob die Erhöhung des allgemeinen Bewußtseinsniveaus tatsächlich zur Debatte steht und ob eine solche überhaupt möglich ist. Auch könnte man versucht sein zu sagen, es sei dafür bereits zu spät und besser, den *Unterschied* zwischen den mündigen, organologisch für die »Schlacht für die Intelligenz« gerüsteten Wesen einerseits und den unmündigen, kontrollierten und für diese Schlacht verlorenen Wesen andererseits *zu kultivieren.*

Ich glaube *absolut nicht* an die letztere Hypothese (abgesehen davon, daß sie mir unerträglich erscheint). Ich glaube, daß sie nicht vernünftig ist und ich glaube deshalb, daß sie dem *Pseudo*-Räsonnement eines unmündigen Bewußtseins entspringt. Woran ich glaube, ist der Unterschied zwischen Mündigkeit und Unmündigkeit und daß dieser Unterschied stets der Horizont der kommenden Menschheit sein wird. Werden die pharmakologischen Wesen, die wir nun einmal sind, vollständig der Sorge – der Würde, der Anerkennung und der Möglichkeiten zur Sublimierung – beraubt, werden sie eines Tages revoltieren und sich in das stürzen, was ich als negative Sublimierung[14] bezeichnet habe.

Sie könnten todbringende Pharmaka in vergiftender Absicht gegen sich selbst einsetzen, gegen andere, zum Beispiel gegen ihre Schulkameraden, wie es in den amerikanischen Schulen so oft geschieht, oder gegen vermeintliche Feinde, die sie als Repräsentanten einer hegemonialen Oligarchie des Bösen oder einer »Achse des Bösen« auffassen. Auf diese Weise könnte man von einem Wirtschaftskrieg, bei dem eine üble Schlacht der *Intelligenz gegen die Intelligenz* geführt wird, zu einem totalen Krieg übergehen, weil man die Schlacht für die Intelligenz verloren hat, bei der man glaubte, die Intelligenz auf wenige Privilegierte beschränken zu können (wobei man sich im übrigen auf Dienste stützt, die man in Großbritannien *Intelligence Service* nennt). Und zwar, weil man es auch in diesem Fall versäumt hat, für die Jugend Sorge zu tragen, da dieses Problem *vernunftgemäß als Problem der Generationen* formuliert werden muß.

Gegen solch ein Vorhaben gibt es zweifellos zahlreiche Widerstände, allen voran eine wahrhafte *Verschwörung der Idioten*, der sich keiner von uns pharmakologisch ebenso fehlbaren wie auch besserungsfähigen Wesen vollkommen entziehen kann: Man wird niemals *vollends* mündig, wer man auch sei (»Gott allein ist dieses Privileg vorbehalten«[15]). Man sollte nicht glauben, daß diese Verschwörung der Faulheit und Feigheit lediglich die kurzfristigen wirtschaftlichen und industriellen Interessen betrifft, sie befällt auch Volksvertreter, Intellektuelle, Vertreter öffentlicher Körperschaften und Behörden und allgemeiner die Generationen, die im Zeitalter des Buchs geformt worden sind – all diese sind *ebenfalls* faul.

27 Die Zeiten der Vogel-Strauß-Politik und das »geheime Ministerium für Weltkultur«

Aus ganz unterschiedlichen Gründen weisen alle (wir alle, die wir als mündig gelten) so oder so die Idee zurück, eine organologische Revolution des Geisteslebens durchzuführen – weil sie zu komplex und schmerzhaft ist. Wir alle ziehen es vor, uns der Illusion hinzugeben, daß 1. alles gar nicht so schlimm sei, daß man 2. zu besseren, also früheren Zeiten zurückkehren könnte oder 3. daß es unmöglich sei, die Lage zu verbessern, weshalb man versuchen sollte, die Seinen zu schützen und alle anderen zu vergessen. Das alles sind Haltungen, denen es an Aufmerksamkeit für die Welt mangelt, Haltungen der Unmündigkeit, die man angesichts des *gewaltigen zukünftigen Konfliktes zwischen den Generationen* in einer ebenso unmündigen Sprache als *Vogel-Strauß-Politik* bezeichnen könnte.

Die Sachlage ist gleichwohl katastrophal, und keiner dieser Sträuße kann sie grundsätzlich ignorieren. Alle haben wir jedoch das TINA-Prinzip verinnerlicht: *There is no alternative*, weil wir alle mehr oder minder dem Einfluß der Psychotechnologien ausgesetzt sind, die unsere Mündigkeit zerstören. In einem in Quebec erschienenen Bericht bemerkt Jacques Brodeur, obgleich

> nach Jahrzehnten des Kampfes der Zivilgesellschaft die Regierungen gezwungen waren, die Verschmutzung von Luft, Nahrungsmitteln und Wasser zu regulieren [...], [haben] wenige Regierungen sich als fähig erwiesen, die Praktiken des Marketing, die auf die Kinder abzielen, in den Griff zu bekommen. [...]
>
> Diese Situation hat der Industrie freie Hand gelassen, zu entscheiden, was die Kinder im Fernsehen sehen, welche

Produkte man ihnen anbieten soll, um sie zu zerstreuen, und welche Strategien angewandt werden können, um ihre Sehnsüchte, Wünsche und Werte zu manipulieren.

Als Erklärung für die Gründe dieser Gleichgültigkeit zitiert Brodeur den Rektor der *Annenberg School of Communication* George Gebner:

> Weniger als zehn Mischkonzerne kontrollieren 85 Prozent der Medien (in den USA). Sie sind zum geheimen Ministerium für Weltkultur geworden.

So stellte der Oberste Bildungsrat von Quebec im Februar 2001 fest, daß »sich die Zahl der Kinder, die an schweren Verhaltensstörungen leiden, zwischen 1985 und 2000 um 300 Prozent erhöht hat.«[16] Ebenfalls laut Jacques Brodeur schätzt man die Zahl der amerikanischen Kinder, die an ADS oder ADHS leiden, auf vier bis zwölf Prozent.

Solche Zahlen sollten mit denen verglichen werden, die die Delinquenz Minderjähriger in Frankreich betreffen:

> Im Jahr 2006 wurden 23 200 Minderjährige wegen Schlägereien und vorsätzlicher Körperverletzung angezeigt, gegenüber 19 000 im Jahr 2005.

Dies bedeutet eine Steigerung um 18 Prozent, die Christophe Soulez, Leiter der Nationalen Aufsichtsbehörde für Straftaten beim Staatlichen Institut für Sicherheitsfragen, wie folgt kommentiert:

> In den vergangenen Jahren haben wir leichte Steigerungen festgestellt, die aber in keinem Verhältnis zu der des letzten Jahrs stehen. [...] Dasselbe gilt für Schlägereien und vorsätzliche Körperverletzung, die sich [2006] um 23 Prozent erhöht haben, gegenüber neun Prozent bei den Volljährigen. [...] Diese Gewalt ist außergewöhnlich, weil sie in der überwiegenden Mehrheit der Fälle nicht in räuberischer Absicht

angewendet worden ist. [...] Die vorsätzliche Gewaltanwendung gegenüber Mädchen hat um 30 Prozent zugenommen.[18]

Eine Gewaltanwendung staatlicher Natur, die Gewaltanwendung der Vereinigten Staaten gegen den Irak, kommentiert Albert Gore – den Senator von West Virginia Robert Byrd zitierend, der sich kurz vor Beginn der militärischen Operationen gegen den Irak vor dem amerikanischen Kongreß geäußert hatte – folgendermaßen:

Dieses Haus schweigt sich fast gänzlich aus, es ist gefährlich stumm, entsetzlich stumm. Es gibt keine Debatte, keine Diskussionen, keinen Versuch, der Nation die Argumente derjenigen zu erklären, die für oder gegen diesen außergewöhnlichen Krieg sind. Da gibt es nichts. Im Senat der Vereinigten Staaten bleiben wir sprachlos.[19]

Dieselben Worte verwendend wie 2006 der Bischof von Lyon,[20] kommentiert der ehemalige Vizepräsident der Vereinigten Staaten Albert Gore die pathetische Rede nach dem Scheitern der Amerikaner im Irak mit den Worten, »die Demokratie ist in Gefahr« – in diesem Fall die amerikanische Demokratie, und zwar

nicht wegen einer Ideologie, sondern wegen einer nie dagewesenen Veränderung der Umgebung, in der die Ideen entweder entstehen und sich verbreiten oder dahinsiechen und absterben. Ich spreche hier nicht von dem, was man Öffentlichkeit oder das Forum der Ideen nennt. [...] Die Gelehrtenrepublik ist vom Imperium des Fernsehens erobert und besetzt worden. Inzwischen konkurrieren Radio, Internet, Mobiltelefone, iPods, Computer, Videospiele und PDA um unsere Aufmerksamkeit, aber es ist nach wie vor das Fernsehen, das den Informationszufluß beherrscht.[21]

Was kann die von Katherine Hayles analysierte Mutation, die durch die *rich-media* erzeugt worden ist, in diesem neuen Krieg um Vereinnahmung von Aufmerksamkeit an Besserem oder Schlimmerem hervorbringen? Es handelt sich um eine im Wortsinn gigantische Mutation, um eine praktisch unvorstellbare Veränderung der Welt innerhalb eines Zeitraums von nur drei Generationen.

Sind wir uns eigentlich dessen bewußt, daß um 1939, als die Großmütter und Großväter, die *Canal J* jetzt ausschalten will, Kleinkinder waren, 55 Prozent der Franzosen weder Radio noch Telefon und erst recht kein Fernsehen kannten? Ganz zu schweigen von Videospielen, Mobiltelefonen und Internet – den digitalen Technologien, die auch die Eltern, die *Canal J* ebenfalls ausschalten möchte, nicht kannten, als sie Kleinkinder waren. Sind wir imstande, uns dies vorzustellen? 1920 gab es noch kein Radio, 1895 noch kein Kino, 1870 gab es die Phonographie noch nicht und 1830 weder Fotos noch Tageszeitungen. Und sind wir vor allem imstande, die Einzigartigkeit unserer Epoche zu begreifen und uns, möglicherweise, eine Zukunft für sie vorzustellen?

Falls wir noch nicht dazu fähig sind, sollten wir es werden. Denn wenn wir unsere Verhaltensweisen ändern sollen, um den Ausstoß von Kohlendioxyd zu reduzieren, so wird das nur unter der Voraussetzung möglich sein, daß wir die Formierung von Aufmerksamkeit nachdrücklich aufwerten, indem wir Konsequenzen aus den schädlichen Auswirkungen der Medienumgebung auf die Synaptogenese ziehen. Seit der antiken griechischen Gesellschaft und dank der Schulpflicht in unseren Industriegesellschaften ist die Schulbildung die Grundlage und die beste Garantie für die Formierung tiefer Aufmerksamkeit, die Voraussetzung zur Bildung einer kritischen Aufmerksamkeit durch das Einüben von Lesen und Schreiben und zur Entwicklung einer angemessenen Synaptogenese bei alphabetisierten Kindern, eine kritische Aufmerksamkeit, die Grundlage der Mündigkeit als Verantwortlichkeit ist.

Zweifelsohne bedarf das neue Industriemodell, das der Kampf gegen die Klimaerwärmung erfordert, der Investitionen in industrielle Forschung und Innovationen sowie einer entsprechenden Steuerpolitik.[22] Solche Maßnahmen können jedoch nicht die Formierung der notwendigerweise *vorgängigen Aufmerksamkeit* für die Welt ersetzen. Die neuen Märkte der neuen Industrien setzen eine Schlacht der Intelligenz zur Stiftung einer neuen Lebensweise voraus.

Sie setzen aber auch voraus, daß wir uns über das Ausmaß der Veränderungen klarwerden, die die Programmindustrien in den letzten dreißig Jahren erfahren haben, daß es keinen Grund gibt, warum sie sich nicht weiterentwickeln sollten, und daß es keinen Grund gibt, daß sie sich immer in dieselbe Richtung entwickeln müssen, die gegenwärtig die schlimmstmögliche ist. Albert Gore etwa, der hervorhebt, daß der Fernsehzuschauer immer nur empfängt, statt zu geben, besteht auf der Notwendigkeit, die Teilnahme am demokratischen Leben wiederherzustellen, ohne die es keine echte Demokratie geben kann. Der bloße Konsum von Politik (die Telekratie) ist mit der Demokratie unvereinbar:

> Es stellt sich nicht nur die Frage nach einer besseren Erziehung, sondern nach Wiederherstellung eines authentischen demokratischen Diskurses, an dem die Individuen in signifikanter Form teilnehmen können.

Aus diesem Grund denkt Gore, die Digitalisierung, das heißt das Internet, entspräche einem *New Deal*, der

> befähigt ist, die Stellung wiederzubeleben, die das Volk in

unserer Verfassung einnimmt. Ebenso wie die Gründer der USA ausdrücklich die Freiheit und Unabhängigkeit der Presse verteidigt haben, muß man jetzt die Freiheit des Internet verteidigen.

Es handelt sich also darum, das Internet gegen das geheime Ministerium der Weltkultur zu verteidigen, das heißt gegen die Programmindustrien, die Straußenvögel und ein Vogel-Strauß-Verhalten produzieren, selbst jedoch die Augen davor verschließen, daß auch ihre Zukunft von der Zukunft dieses Planeten abhängt, in der sie eine Schlüsselrolle spielen. Das Problem, das Albert Gore anspricht, ist also das einer neuen politischen Verantwortung – einer neuen Form gemeinsamer Verantwortung, die zunächst *abgegeben* werden muß. Sie muß abgegeben werden an die Bürger, die mehr Verantwortung übernehmen können – gegenüber jenen, die ihres Bewußtseins und damit ihrer Verantwortung beraubt wurden.

Es geht jedoch nicht nur um die Verantwortung im Sinne der Politik und vor allem der Demokratie als Aufteilung der Verantwortung zwischen den Bürgern. Es geht auch und vor allem um die Verantwortung der politischen Repräsentanten selbst, insbesondere um die außerordentlichen Verantwortlichkeiten und Pflichten jener, die die Exekutive ausüben. Insofern stellt sich gegenwärtig nicht die Frage, nach »Handlungsspielräumen« Ausschau zu halten oder die Lage zu verändern; es gilt, sie zu »revolutionieren«, um, wie es der gegenwärtige Präsident Frankreichs zur Zeit seiner Kandidatur nannte, zu einer wirklichen *Zäsur* zu gelangen.

28 Therapeutik und Pharmakologie der Aufmerksamkeit

Die »synaptische« Analyse der Aufmerksamkeitsbildung zeigt, daß die Pharmakologie der Psychotechniken und -technologien nach einer Therapeutik verlangt. Dazu müssen zunächst alle Stadien der physiologischen, zerebralen und psychologischen Entwicklung berücksichtigt werden, die die Grundlage dessen bilden, was sich in sozialer Hinsicht als Minderjährigkeit oder Volljährigkeit ausdrückt.

Beim Lesen eines Beipackzettels für ein Medikament finden wir es normal, daß irgendein Wirkstoff, der einen Erwachsenen heilt, einem dreijährigen Kind schaden kann, und wir befolgen diese Verschreibungsvorschrift. Wir wissen, daß ein *pharmakon* ein Rezept voraussetzt und dies wiederum ein System des Sorgens, das heißt eine Therapeutik. Seit einiger Zeit wissen wir auch, daß man Kindern keine alkoholischen Getränke gibt, weil sie diverse physische und geistige Schäden und eine Abhängigkeit hervorrufen.

Heutzutage stellen sich solche Fragen der Pharmakologie und der Therapeutik auf allen Ebenen und für alle Alterstufen, menschlichen Gesellschaften und Gruppen, für unterschiedliche Orte und Zeitalter. Manches Zeitalter verträgt nicht, was zum Wohlstand des folgenden führt. Manche Gebiete werden durch etwas zerstört, das den Reichtum anderer Gebiete hervorbringt.

Was die Pathogenese der Aufmerksamkeitszerstörung in ihren unterschiedlichen Erscheinungsformen betrifft, vom Verlust der Verantwortung beim Erwachsenen bis hin zu den schweren Aufmerksamkeitsstörungen Jugendlicher, so läßt sie sich nicht mit einer chemischen Pharmakopöe behandeln: Sie verlangt politische Regulierungen und insofern eine Psychopolitik.

Die Verschreibung von Ritalin oder Dexedrin zur Kompensation von Aufmerksamkeitsdefiziten fügt lediglich dem eine pharmakologische Abhängigkeit hinzu, was selbst einer Art von Sucht entspringt, die zwar nicht chemischer Natur ist, die aber ebenso gefährlich sein und sich direkt und irreversibel auf die Hirnstruktur auswirken kann.

Seit Oktober 2007 strahlt der amerikanische Fernsehsender Babyfirst, der sich an Kinder zwischen sechs Monaten und drei Jahren wendet, in Frankreich sein Programm auf *Canalsat.fr* aus. Auf dem betreffenden Internetportal kann man folgenden an die Eltern adressierten Beitrag lesen, der den Diskurs und die Rhetorik der Psychomacht hervorragend verdeutlicht:

> Von den ersten Lebensstunden an besitzt das Baby bereits einige Milliarden Neuronen. Diese nützen ihm allerdings nur wenig, weil sie zumeist nicht miteinander verbunden sind. Tatsächlich muß das Gehirn des kleinen Menschen stimuliert werden, um dessen Verbindungen zu vervollständigen. Stimulierung durch Töne und Farben. Weil die tägliche Umgebung des Babys nicht immer ausreichend vielfältig ist, um es anzuregen und auf natürliche Weise seine Entwicklung zu fördern, kann das Fernsehen für das Baby eine wunderbare Quelle positiver Aktivitäten sein. Der Kinderarzt Lyonel Roussant betont dementsprechend, daß das Baby auf dem kleinen Bildschirm Informationen in einem zeitlichen Nacheinander erhält: Ein Begriff folgt dem anderen, was seine Logik entwickelt und seinen Kortex stärkt. Über den Bildschirm begreift das Baby zum Beispiel, daß es besondere Beziehungen zwischen den Bildern gibt, und beginnt allmählich zwischen dem Vorher und dem Nachher zu unterscheiden. Diese Form der Stimulation ermöglicht es ihm, sich geistig besser zu strukturieren, die Zeit besser zu

begreifen und seine »Erinnerung zu stärken«. Belebt durch die bewegten Bilder [...] und die Farben, die sie erzeugen, besitzt das Fernsehen alles, um das Kind zu faszinieren. Die Kinderärztin Edwige Antier bemerkt dazu, »daß das Baby, sobald es kann, sich der Fernbedienung bemächtigt. Sie wird bald zu seinem Lieblingsspielzeug. Es begreift sofort, daß die Berührungen dazu dienen, Töne und Personen erscheinen zu lassen, und das ist wirklich magisch! Weil der Mensch vor allem ein kommunikatives Wesen ist. Alles, was die Kommunikation begünstigt, entzückt ihn.«[23]

In den Zeiten der Psychomacht besteht die staatliche Verantwortung – zunächst als Verpflichtung für die öffentliche Gesundheit, dann aber vor allem im Rahmen der »Schlacht für die Intelligenz« – darin, eine Psychopolitik der *pharmaka* zu etablieren, die die verheerenden Folgen solcher Initiativen eindämmt. Die Psychopolitik muß in eine Politik des Geistes umgesetzt werden, die die Anwendung der Psychotechnologien nicht nur reguliert, sondern auch für die Umwandlung eines Gifts in ein Heilmittel sorgt. Was Abhängigkeit erzeugen kann, sollte zu etwas werden, das eine Emanzipation von genau dieser Abhängigkeit ermöglicht.

Die Themen der Umweltproblematik, der Industriepolitik und der Erziehungspolitik, die der Regulierung der Massenmedien und der Politik der neuen Medien – sie alle bilden ein einziges Thema, das man als die aktuelle »Schlacht für die Intelligenz« bezeichnen kann – eine Schlacht, die im Hinblick auf die gesamte Menschheitsgeschichte von außerordentlicher Bedeutung ist.

Denn es geht hier nicht nur um die Ökologie (des Geistes und in der Folge der natürlichen Umwelt, in der wir pharmakologische Wesen unser Leben führen), sondern um *Hygiene*, das heißt um die Sorge in ihrem klassischsten Sinn. Insofern entspringt die ganze Thematik dem, was Foucault als *Biopolitik* bezeichnet. Sie wird jedoch um eine Dimension erweitert, die den ursprünglichen Fragen der Philosophie nach den Techniken des Selbst und der Rolle der *hypomnemata* in der individuellen und kollektiven Existenz nähersteht, also nach der »Selbst- und Fremdführung«. Mit deren Untersuchung hat Foucault die erste Genealogie der Psychotechniken vorgelegt, die uns als Grundlage für die Errichtung eines neuen kritischen Apparats *im Hinblick auf das Denken der Entwicklung der episteme* dient. Was Foucault in diesem Rahmen als Archäologien bezeichnet, sind für uns tertiäre retentionelle Dispositive.

6 Ökonomie und Kognition der Aufmerksamkeit oder die Verwechslung von Aufmerksamkeit und Retention

29 Mikroökonomie der Aufmerksamkeit

Wir haben aus drei unterschiedlichen Perspektiven sehen können, wie die Verbreitung der Psychotechnologien zu vielfältigen Formen der Aufmerksamkeitszerstörung führt, die sich kombinieren und verstärken, um ein kollektives Krankheitsbild mit verheerenden Konsequenzen nach sich zu ziehen:

1. Die Psychotechnologien wirken sich auf die intergenerativen Beziehungen aus, indem sie den primären – psychischen oder kollektiven – Identifikationsprozeß ausschalten (wobei sie häufig regressive Identifikationsprozesse auslösen).

2. Wenn Psychotechnologien die tägliche Umgebung der Kinder bestimmen, modifizieren sie den synaptischen Aufbau ihrer sich entwickelnden Gehirne zum Nachteil der Strukturierung der zerebralen Plastizität und damit der sogenannten *deep attention*, die – als Grundlage für das kritische Bewußtsein sowie für geordnete Kreisläufe der Transindividuation in den rationalen Disziplinen – durch die Erziehung eingeschrieben werden muß.

3. Im Kontext der Digitalisierung führt das Aufkommen der sogenannten neuen Medien – aufgrund der zunehmenden Konkurrenz zwischen den Programmindustrien beim Kanalisieren der Zuschauergruppen – zu einer Hyperbeanspruchung der Aufmerksamkeit; die faktische Zeit dieser Aufmerksamkeitsvereinnahmung – in den Vereinigten Staaten beträgt sie bis zu achteinhalb Stunden täglich – behindert

somit den Zugang zu den Kreisläufen der Transindividuation, die die Mündigkeit im Sinne Kants unterstützen, und steht sehr wahrscheinlich in Zusammenhang mit der kindlichen Aufmerksamkeitsdefizitstörung und Hyperaktivität. Dem hinzuzufügen ist die hier bislang nicht behandelte Problematik des *cognitive overflow*-Syndroms, das von den kognitiven Technologien hervorgerufen wird.[1] Diese entwickeln sich aufgrund der Konvergenz von audiovisuellen Medien, Informatik und Telekommunikation gemeinsam mit den Kulturtechnologien mittels dieser neuen Medien. Sie sind Beispiele für Psychotechnologien, die ursprünglich für professionelle Umgebungen entwickelt worden waren, derzeit aber sowohl in die klassischen Kulturindustrien wie auch in den Arbeitsbereich und die Dienstleistungsindustrien vordringen.

Nun werden auch diese Technologien und die mit ihnen wachsenden Dienstleistungsindustrien derzeit mit dem konfrontiert, was man als Syndrom der Hyperbeanspruchung der Aufmerksamkeit durch die neuen Medien bezeichnen könnte. Daher beschäftigen sich die Kognitionswissenschaften in Forschungsprogrammen vermehrt mit der Kognition der Aufmerksamkeit. Auf vergleichbarer Ebene macht auch die Mikroökonomie die Aufmerksamkeit zu ihrem neuen Thema, wobei sie ihr eigenes Paradigma der Information zunehmend aufgibt, das in seiner Anwendung auf das Marketing etwa im Bereich der Nahrungsmittelindustrie zu einem informationellen Überfluß (einer starken quantitativen und qualitativen Vermehrung der Nahrungsmittellabel) geführt hatte.

Daraus folgt, daß im Moment

die knappe und entscheidende Ressource nicht mehr die Information, sondern die Aufmerksamkeit der Individuen ist [...]. Die Konsumenten und die übrigen [ökonomisch]

Handelnden verfügen nur über eine begrenzte Zeit und be-schränkte Kapazitäten, um die ständig anwachsenden Infor-mationsflüsse zu bearbeiten und zu analysieren. Die Indivi-duen als Inhaber einer *begrenzten Aufmerksamkeitsquantität* [kursiv von B. S.] können diese im Hinblick auf den daraus erworbenen Nutzen unterschiedlichen Zwecken widmen. Die Firmen befinden sich also korrekterweise nicht nur in einer Situation des *Informationsangebots*, sondern auch in einer Situation der *Aufmerksamkeitsbindung* [Kursivierung der Autoren].[2]

Ein Unternehmen muß daher – durch seine Produkte oder durch deren Distributionsweise – selbst zu einer Vorrichtung für Aufmerksamkeitsvereinnahmung werden, denn die verfüg-bare »Aufmerksamkeitsquantität« ist begrenzt. Das klingt so, als wäre die Aufmerksamkeit eine Flüssigkeit, deren Verhalten man durch Pegel und Druckverhältnisse gewissermaßen kalkulieren könnte, und nicht das Ergebnis der Erziehung und Formierung der Individuen durch ein organologisches Zusammenspiel, das den Aufbau und die Erweiterung des Bewußtseins und seiner Analysekapazitäten ermöglicht – also *seine Intelligenz*.

Man weiß natürlich, daß es verschiedene Formen der Aufmerk-samkeit gibt und daß es im Kontext des Supermarkteinkaufs nicht darum geht, die *deep attention zu* beanspruchen. Da je-doch die mikroökonomische Theoriebildung die Aufmerksam-keit zu ihrem Thema gemacht hat, muß sie diese auch in ihrer gesamten Ökonomie modellieren und dieses Modell in tech-nologische Einrichtungen umsetzen. Diese werden um so mehr Einfluß auf das allgemeine Aufmerksamkeitsverhalten haben,[3] als sie sich mit anderen Situationen kombinieren und schließ-lich ein neues Aufmerksamkeitssystem konstituieren.

Die Aufmerksamkeit hat jedoch ihre Grenzen. Inwieweit sind

diese quantitativ? Sie sind quantitativ, wie auch die Libido eine quantitativ begrenzte Energie ist. Ihre Beschränkung ist aber *zunächst* qualitativ: Sie betrifft den Aufbau des psychischen Apparats, den Freud als seine Topik bezeichnet. Vor allem jedoch beruht sie auf der Tatsache, daß das *Objekt der Libido*, das – wie wir abschließend sehen werden – das *Objekt der Aufmerksamkeit par excellence* und sogar Objekt *sämtlicher* Aufmerksamkeiten ist, sich *nur in seiner Unendlichkeit konstituieren* kann.

Aufmerksam sein, *aufmerken* ist in einem wesentlichen Sinne *erwarten*. Woran sich die Aufmerksamkeit bei einem Objekt hängt, ist das, was sie von ihm erwartet. Sie ist letztlich vor allem diese Erwartung, selbst wenn sie das vergißt. Es ist dieses Un-endliche, dieses In-finite des Objekts, auf die sie sich wie in einem Spiegel als ihrerseits in-finit projiziert. Was der Spiegel zurückwirft, gibt ihr das Gefühl und den Wunsch nach dem In-finiten, dessen jeweilige Singularität insofern ein Bild von maßlosem Ausmaß ist, als es sich nicht vergleichen und nicht berechnen läßt. Die Aufmerksamkeit merkt auf die *Singularität* ihres Objekts auf; in ihr als dem Bild des In-finiten spiegelt sich das in-finite Wünschen wider (das heißt sein Kommen als eine Zukunft, in der alles möglich ist).

Zweifellos handelt es sich vor der Lebensmittelauslage eines Supermarkts nicht um *diese Art* von Aufmerksamkeit. Doch genau hier liegt die Frage. Aufgrund welcher Konzeption einer spezifisch *menschlichen* Aufmerksamkeit läßt sich auch hier die Ökonomie der Aufmerksamkeit theoretisch fassen? Und wie sollte es ein Modell für die menschliche Aufmerksamkeit geben, wenn man sich nicht auf das bezieht, was ihr an spezifisch Humanem – und gewissermaßen an *Nicht-Inhumanem* – zukommt, da sie doch als zugleich psychische und soziale Fähigkeit die *Grundlage* für die Sorge bildet?

Nur eines von beidem kann zutreffen: Entweder entspringt diese Ökonomie im wesentlichen der libidinösen Ökonomie – wovon ich hier ausgehe –, oder sie ist eine Funktion der Wachsamkeit des zentralen Nervensystems, wie es mehr oder minder bei den Tieren der Fall ist. Die Mollusken, die Insekten bis hin zu den höheren Wirbeltieren, sind vor allem durch ihr Nervensystem unterschieden, das die Stufe ihrer zerebralen Plastizität bestimmt. Das Unterscheidungsmerkmal des Menschen ist dagegen, daß

1. *diese Plastizität niemals aufhört* und
2. *daß sie die Kreisläufe dessen verinnerlicht, was sie zunächst als Artefakt aus sich herauszusetzen vermag.*

Definiert man die menschliche Aufmerksamkeit von der Wachsamkeit her, dann konfiguriert man sie als technologische Ökonomie der Aufmerksamkeitsvereinnahmung durch ein Marketingsystem. Man macht einen gewissermaßen pharmakologischen Gebrauch von ihr, der jedoch zugleich die Kurzschließung einer *therapeutischen* Synaptogenese dieses *pharmakons* mit sich bringt: Letztlich wird die Ökonomie der Libido durch eine solche Auffassung auf eine instinkthafte Regression zurückgeführt – in nichts anderes können solche Kurzschlüsse münden.

Es wird heute immer selbstverständlicher, Funktionen, die einst im psychischen Apparat angesiedelt waren, den psychotechnologischen oder rechnergestützten Apparaturen (vom Taschenrechner bis hin zu Hilfssystemen für finanzielle, militärische oder medizinische Entscheidungen) anzuvertrauen, *ohne eine rückwirkende Verinnerlichung*, eine strukturelle Koppelung[4] von *pharmakon* und den synaptischen Schaltkreisen zur Erzeugung neuer Kreisläufe der Transindividuation, im Blick zu haben. Auf diese Weise würde sich das Gehirn zunehmend auf

den Empfang von gesendeten Informationen oder Daten beschränken – wie Albert Gore es über den Fernsehzuschauer
gesagt hat.

Im Falle der Anwendung im Nahrungsmittelbereich, den wir
hier als Beispiel angeführt haben, hat es den Anschein, als hätten
die ökonomisch Agierenden einer Schafherde zu gleichen, als
besäßen sie eine vorbestimmte Quantität von Aufmerksamkeit
und wären nicht mehr durch den offenen Charakter der huma-
nen zerebralen Plastizität ausgezeichnet: als handele es sich darum, diese Unbestimmtheit zu reduzieren, um sie noch besser in
den Griff zu bekommen. Das Räsonnement *beruht* nämlich
darauf, daß man ein mögliches Nachdenken etwa über die Le-
bensmittelwahl aufgrund eines ganz bestimmten Verständnisses
von Ernährung von vornherein ausschließt.

Nun könnte man sich andere Hilfssysteme zur Kaufentschei-
dung im Geschäft modellieren. Solche Hilfen sind einerseits in
hyperindustriellen Gesellschaften offenkundig lebensnotwen-
dige Artefakte, andererseits könnten sie sich auch über ein besonderes Erziehungssystem auf eine Beanspruchung der tiefen
Aufmerksamkeit des Käufers und auf seine Intelligenz stützen.
Man könnte einwenden, eine solche Vorstellung sei utopisch.
Ist dies der Fall, ließe sich die Utopie als eine Politik bezeichnen, die gegen die Sorglosigkeit kämpft: als eine Politik der
Sorge um die Bevölkerung und um die Welt. Statt dessen geht
es derzeit im Gegenteil darum, die Konsumenten fortgesetzt
und mit immer weiter verfeinerten Methoden ihres *savoir vivre*
zu berauben, sie den Routinen des Marketing zu unterwerfen
und sie auf eine Proletarisierung hin abzurichten. Letzten Endes ist das die Durchsetzung dessen, was ich andernorts als
verallgemeinerte Proletarisierung[5] bezeichnet habe.

Es gilt hier, noch einmal den wichtigen Punkt zu betonen: *Die*

humane zerebrale Plastizität unterstützt, weil strukturell unabge-
schlossen und offen, den Individuationsprozeß des psychischen wie
auch des sozialen Apparats, die selbst strukturell unabgeschlossen
sind;[6] *und diese gemeinsame Unabgeschlossenheit konvergiert in*
dem Objekt der Aufmerksamkeit, insofern es zugleich psychisch
und sozial ist. Dies wiederum beruht auf einer *neotenischen*
Situation,[7] die genau diejenige der Pharmakologie ist – und
bei der man erkennt, in welcher Weise *Technik und Gehirn*
ein transduktives System[8] *bilden.*

Die »Formierung« von Aufmerksamkeit, die jene Mikroökonomie dem Marketing der Lebensmittelindustrie nahelegt, ist in
Wahrheit eine *De-formierung* derjenigen Aufmerksamkeit, die
für jede Demokratie als *Herrschaft der Mündigkeit* erforderlich
ist. Sie unterstellt ein biologisches Modell des zentralen Nervensystems, das zum Merkmal einer herdenmäßigen und ent-
individualisierten Masse geworden ist – ein von den Kontroll-
technologien produziertes Merkmal (man erkennt hier die
Bedeutung von Gilles Deleuze' Gedanken, das Marketing sei
die Wissenschaft der Kontrollgesellschaften[9]). Es ist das Modell
eines Nervensystems, das auf ewig in neurologischen Grenzen
befangen bleibt, die das Wissen, das Bewußtsein und die Mündigkeit beschränken.

Die Psychotechnologie der Aufmerksamkeitsvereinnahmung
wird zu einer Spezialdisziplin der Biomacht, welche die Verwaltung und Distribution der Lebensmittel der Bevölkerung
gestaltet, indem sie die Aufmerksamkeit auf eine Funktion des
Konsums reduziert. Insofern verwandelt sich die Lebensmittelindustrie in eine Art Medium, das selbstverständlich mit den
Programmindustrien ein System bildet, wie es der Refrain der
Großvertriebe »bekannt aus der Fernsehwerbung« zu Genüge
bezeugt. Dabei wird die Psychomacht, die zugleich das auf dem

Glauben, nämlich dem *Kredit* beruhende Finanzwesen beherrscht, zum Gravitationszentrum der Biomacht.

30 Kognition der Aufmerksamkeit

Was für die Mikroökonomie der Großvertriebe gilt, trifft erst recht auf den Bereich der kognitiven Technologien zu, die auf die in besonderer Weise aufmerksamkeitsvereinnahmenden Einrichtungen der digitalen Netzwerke angewendet werden. Dementsprechend hebt Christophe Duchamps hervor, daß

> die Notwendigkeit, die Aufmerksamkeit in unserer Gesellschaft, in der Information omnipräsent ist, besser zu steuern, zweifellos die nächste Grenze ist, die wir überwinden müssen, falls wir nicht in dieser Flut ertrinken wollen.[10]

Hören wir genau hin: »in der Informationsflut«. Wir begegnen hier wieder dem *cognitive overflow syndrome* (COS) als dem Krankheitsbild der erwachsenen Bevölkerung, das der Aufmerksamkeitsdefizitstörung (ADS) als bedeutendster Erkrankung der amerikanischen Jugend folgt. Es hat den Anschein, als sei COS die Variante von ADS bei den Erwachsenen.

Die Kognitions-Programme zur Aufmerksamkeit wollen eine *Automatisierung der Aufmerksamkeit* entwickeln, um die *Zerstörung der Aufmerksamkeit durch Automatisierung*[11] zu bekämpfen. Das könnte mit der hier vertretenen Hypothese übereinstimmen: Im Bereich der umfassend verstandenen Pharmakologie ist es erforderlich, ein Übel mit einem anderen zu bekämpfen, um es in eine Wohltat, in ein neues Stadium der menschlichen Entwicklung zu verwandeln.

Allerdings entspricht bereits die Erwähnung der *Automatisierung* von Aufmerksamkeit der vollständigen und widerspruchslosen Eliminierung der *Verantwortung*, die der Aufmerksamkeit als sozialer Kompetenz innewohnt. Es scheint, als würde man auf diese Weise die Gewinne und Verluste, die aus der Entkoppelung von psychischem Individuum und sozialer Gruppe resultieren, gegeneinander verrechnen. Überdies erweckt die Form, in der die Aufmerksamkeit hier definiert wird, statt aufmerksam bedacht zu werden, den Eindruck, daß die vorgeschlagene Therapie das pharmakologische Tier nur *töten* kann:

> »Aufmerksamkeit« bezeichnet hier eine Ansammlung von Daten, die über einen Nutzer aufgezeichnet werden und eine Synthese seiner Interessenschwerpunkte (zum Beispiel durch Schlüsselbegriffe) und ihrer Interrelationen (mit Hilfe von Wertungskriterien, die durch sein Verhalten automatisch erschlossen oder vom Nutzer selbst deklariert werden) erstellen. Das »Aufmerksamkeitsprofil« spiegelt dementsprechend seine Interessen, seine Aktivitäten und seine Werte wider. Es definiert die Ressourcen [der Schlüsselbegriffe, Orte oder Themen, die ihn interessieren].[12]

In Wahrheit kann eine solche Definition von Aufmerksamkeit, die auf die Heilung des Aufmerksamkeitsdefizits als Syndrom der kognitiven Übersättigung abzielt, dieses Defizit lediglich *verschärfen*, sofern man sie nicht als eine Umgebung auffaßt, die die *Entwicklung* von Aufmerksamkeit durch *Kultivierung* fördert, sondern als technisches System, das diese ersetzt oder kurzschließt.

Das geschieht, weil *die Aufmerksamkeit hier mit der Retention* verwechselt, oder genauer, auf diese *reduziert* wird (ebenso wie innerhalb der Generationenabfolge Erwachsene auf den Infantilismus). Die Retention selbst wird wiederum auf eine *tertiäre* Retention reduziert, die nicht mehr durch primäre oder sekundäre psychische Retentionen als Kreislauf der Transindividuation verinnerlicht, zusammengefügt und singularisiert worden ist. Ziel ist dabei offensichtlich, die sekundären psychischen Retentionen, die selbst alte primäre und singulär selektierte Retentionen eines Individuums darstellen, durch standardisierte tertiäre Retentionen zu ersetzen, die folglich partikularisierbar, das heißt formalisierbar, berechenbar und schließlich durch einen »Motor der Aufmerksamkeit« steuerbar werden.

Mit anderen Worten, die Trennung des psychischen Individuums von der sozialen Gruppe endet mit seiner Zerstörung – was vollkommen mit der Theorie der psychischen und kollektiven Individuation übereinstimmt, der zufolge das eine nicht ohne das andere vorstellbar ist und die Zerstörung des einen notwendigerweise die Zerstörung des anderen nach sich zieht. Auch hier also laufen der psychische und der soziale Apparat Gefahr, durch eine *verantwortungslose* Anwendung der psychotechnologischen Apparate liquidiert zu werden.

Die sekundären Retentionen werden automatisch in *Kriterien* verwandelt, indem man sie zunächst grammatisiert, das heißt in Form von Algorithmen standardisiert, und sie anschließend zur Herstellung von Inferenzmotoren zusammenfügt, die von (auf statistischen Daten beruhenden) Regeln gesteuert werden. Diese Kriterien sollen zu gleichsam maßgeschneiderten individualisierten tertiären Retentionen werden, streben aber zugleich nach ihrer Umwandlung in kalkulierbare kollektive sekundäre Retentionen, also in stereotypisierte Verhaltensattraktoren,[13] bei denen die Aktivitäten der psychischen Individuen ausgeschaltet und diese selbst gewissermaßen aus einem automatisch gewordenen Individuationsprozeß ausgestoßen werden.

Um die perversen Auswirkungen der psychotechnologischen Automatisierung auf die Aufmerksamkeit zu steuern, in diesem

Fall das Syndrom der kognitiven Übersättigung, werden somit die Kreisläufe der Transindividuation *soweit wie möglich zerstückelt*, damit der Aufmerksamkeitsmotor den Platz der Aufmerksamkeit, das heißt des Subjekts, einnehmen kann. Wie wir gesehen haben, ist Aufmerksamkeit das *Strömen* eines Gegenstandsbewußtseins. Das Bewußtsein ist *als Fließendes* aufmerksam, indem Retentionen und Protentionen in singulärer Weise zusammenfügt werden, um das seinerseits singuläre Objekt zu konstruieren.

Was man hingegen bereits seit vielen Jahren als Benutzerprofiling bezeichnet, ist ein neuer Kurzschluß. Dieses wichtige Ergebnis des *Knowledge Management* zielt darauf ab, die Entwicklung einer *Attention Profiling Markup Language* zu systematisieren, einer

> Standardsprache, um Aufmerksamkeitsprofile zu beschreiben [...], die in diverse Softwares oder in Online-Dienste integriert wird [...], damit bei deren Anwendung Ihre Präferenzen berücksichtigt werden [.][14]

Diese Sprache ermöglicht die Automatisierung der Steuerung von Aufmerksamkeit durch einen Aufmerksamkeitsmotor, der, von dem Unternehmen *Faraday media* entwickelt, auf den Namen *Touchstone Live* getauft wurde.

31 Warum nicht? Die Grammatisierung des Subjekts, wodurch die Psychomacht zur zentralen Funktion der Biomacht wird

Bei diesen Programmen[15] gilt es, die soziale Formierung der Aufmerksamkeit des menschlichen »Subjekts« auf ein Minimum zu reduzieren und durch eine automatisierte Steuerung zu ersetzen. Es erscheint als »Subjekt«, das nicht einmal mehr zwischen *hyper attention* und *deep attention* angesiedelt ist, das seine Aufmerksamkeit schlichtweg an Automaten delegiert, die zu Sensoren, Rechnern, Nachrichtengebern, Warngeräten usw. geworden sind. Die Aufmerksamkeit wird hier auf Verhaltensmuster der automatisierten Wachsamkeit zurückgestuft, wobei die Psyche auf eine rein biologische Funktion reduziert wird und damit ganze Bereiche des neurologischen Apparats verschwinden.

Ich habe das Thema Benutzerprofiling[16] bereits anderweitig behandelt und gezeigt, daß diese personalisierte retentionale Vorrichtung unweigerlich zu einer Partikularisierung des Singulären führt, das heißt zu einer Zerstörung der Aufmerksamkeit auf sich und der Konstruktion des Selbst, die stets objektgerichtete Aufmerksamkeiten sind. Die Profilingsysteme zerstören die *beobachtende Aufmerksamkeit* und ersetzen sie durch eine *konservierende Aufmerksamkeit*, durch eine Standardisierung des Subjekts, das offenkundig in das Stadium seiner eigenen Grammatisierung eingetreten ist: eine Grammatisierung seines »psychischen Profils« – hier seines »Aufmerksamkeitsprofils« –, die es im Grunde ermöglicht, das Subjekt gewissermaßen am Ursprung seines Bewußtseinsstroms, durch den es bisher als Aufmerksamkeit existierte, zu entindividualisieren.

Es ist nämlich die Aufmerksamkeit, die die singulären, weil mit keiner anderen Existenz vergleichbaren, sekundären Retentionen, die wie ein Schatz im Unbewußten aufbewahrt werden und dem ebenfalls singulären psychischen Apparat *innewohnen*, mit den Objekten der Welt zusammenfügt, der diesen Schatz mit *neuen Retentionen* bereichert. Diese Retentionen, die sich als Stoff des Aufmerksamkeitsobjekts *durch* diese Aufmerksamkeit als deren *Ausformung* (im Sinne Simondons[17]) konstituieren, sind zunächst primär und werden anschließend als Erinnerungen an das Objekt als sekundäre Retentionen verinnerlicht.

Es kommt hier darauf an zu verstehen, daß diese intimen sekundären Retentionen, mit denen das Subjekt vor seinem Objekt ankommt und dann primäre Retentionen von diesem Objekt auswählen wird, bereits vor dem Erscheinen des Objekts der Aufmerksamkeit *Träger von Erwartungen* sind, die auf das Objekt überhaupt erst *aufmerksam* werden und es sodann buchstäblich *hervorbringen* – geformt durch das intime Zusammenspiel von sekundären Retentionen: das ist das Wünschen. Das Objekt *dieser* von der Wachsamkeit unterschiedenen Aufmerksamkeit ist immer ein Objekt des Wünschens. Die primären Retentionen, die es einrahmen, werden sekundär und erzeugen dabei Protentionen, das heißt neue Erwartungen, die die Bildung *neuer* Objekte der Aufmerksamkeit vorbereiten und begleiten. Es entsteht eine Folge von Objekten, an deren Ende sich eine individuelle Erfahrung ausformt: ein Wissen, eine Kenntnis und schließlich ein Bewußtsein in Abhängigkeit von den Milieus der tertiären Retentionen, die diese Erfahrung entweder unterstützen und verstärken können – oder aber kurzschließen. Man kann auch sagen: Es handelt sich bei diesem Objekt um das Objekt des Wissens, von dem Michel Foucault in seiner *Archäologie des Wissens* spricht.

Die Kognition der Aufmerksamkeit verwechselt im Gegensatz dazu Aufmerksamkeit und Retention. Damit setzt sie eine Erwartung voraus, die weder singulär noch intim sein kann. Und sie glaubt, die Aufmerksamkeit durch ein automatisches System tertiärer Retentionen ersetzen zu können, das die sekundären Retentionen substituiert und die singuläre Selektion durch primäre Retentionen eliminiert – es fehlt mithin all das, was dieses Objekt und seine es fassende Erfahrung allererst *anreichert*. Dabei findet auch eine Eliminierung des Bewußtseins statt, allerdings durch Eliminierung der Aufmerksamkeit und nicht durch ihre Vereinnahmung.

Aber könnte man die Aufmerksamkeitsmotoren nicht auch befürworten, weil sie das Bewußtsein von den kognitiven Aufgaben der Wachsamkeit zum Vorteil der tiefen Aufmerksamkeit entlasten? Im Grunde genommen ermöglichen die Suchmaschinen, die selbst einer Art Automatisierung der Aufmerksamkeit entsprechen, genau dies. Weshalb sollte man nicht tatsächlich eine computerbasierte Aufmerksamkeit entwickeln, wenn diese doch in gewisser Weise ohnehin immer unterstützt wird? Weshalb nicht?

Ich kann nur sagen, daß die Aufmerksamkeit von einer Psychotechnik oder -technologie nicht nur *unterstützt*, sondern ebenso *formiert* wird. Fragt man jedoch nach der Sorge, der *mündigen* Form von Aufmerksamkeit, so wacht ein Sorge-System als Hilfsmittel der Aufmerksamkeit stets darüber, daß das *pharmakon* die Aufmerksamkeit nicht zerstört, sondern als sorgende Therapeutik eingesetzt wird. Nun zielt aus einer solchen »therapeutischen« Sicht die computergestützte Psychotechnologie, wie sie *hier* die Aufmerksamkeit theoretisiert und modelliert, lediglich darauf ab, die Aufmerksamkeit zu ersetzen und folglich zu zerstören. Denn sie hat keinen Blick dafür, daß jenseits der Wachsamkeit eine Aufmerksamkeit existiert, die mit dem Bewußtsein und seiner Objektbildung zusammenhängt.

Technisch gestützte Aufmerksamkeit, etwa als Gedächtnisstütze, gibt es immer, insbesondere als Grammatisierung von sekundären Retentionen in Form von tertiären Retentionen – von der Agenda bis zum GPS-Navigator. Allerdings sind weder die Agenda noch der GPS-Navigator *anstelle* des Bewußtseins aufmerksam, das diese Aufmerksamkeit *ist*: Es handelt sich um eine spezifische Form der Aufmerksamkeit, die stets eine synaptische, jeweils mehr oder minder durch ein Erziehungssystem verinnerliche Organisation des aufmerkenden Körpers voraussetzt, der selbst ein sozialer und nicht nur ein psychischer Apparat ist.

Heute beobachten wir die zunehmende Ausbreitung der hypomnetischen Objekte, die den neuen hypergrammatisierten Kontext der Aufmerksamkeit konstituieren, der im Kontext einer »Schlacht für die Intelligenz« auch die Chance *zur Entstehung einer neuen Form der Aufmerksamkeit* bietet. Im Zusammenhang der derzeitigen Konzeptionen zur »Kognition der Aufmerksamkeit« jedoch ist die Form der Grammatisierung von Aufmerksamkeit an sich destruktiv, weil diese Kognition weder eine Vorstellung vom pharmako-logischen Wesen der Aufmerksamkeit hat – die sie durch Automaten ersetzen will – noch von dem betreffenden therapeutischen Problem insgesamt.

Auf diese Weise wird die Existenz auf die Subsistenz reduziert, und die Psychomacht unterwirft den psychischen Apparat den Zielen der Biomacht. Diese hat sich im Verhältnis zu der von Foucault gezeichneten Charakterisierung erheblich entwickelt: Sie ist fast vollständig der Kontrolle des Marktes unterworfen. Insofern sind die Disziplinargesellschaften zu Kontrollgesellschaften geworden, deren Psychotechnologie das Zentralorgan im Dienst des Marketing ist. Auf dem Gebiet der technologischen Forschung äußert sich dies in einem kybernetischen Reduktionismus, bei dem die Mikroökonomie der Aufmerksamkeit ein Anwendungsfall für den Lebensmittelbereich geworden ist.

Im Kampf um die Kontrolle der Aufmerksamkeitsflüsse zieht das Marketing Konsequenzen aus den Analysen, die die Knappheit dieser Ressource[18] betonen. Es erkennt jedoch nicht, daß die Kontrolle dieser Ressource ihrer Zerstörung gleichkommt, das heißt auch der Zerstörung des Marktes. Und zwar, weil sie dazu neigt, die Aufmerksamkeit zu verdrängen, um sie durch retentionelle Systeme zu ersetzen, die letztendlich auf die Grammatisierung der *Psyche* etwa durch das *Benutzerprofiling* abzielen.

Die Forschungen auf den Gebieten der Mikroökonomie und der Aufmerksamkeitskognition tragen somit zur Entwicklung einer verallgemeinerten Grammatisierung der Existenz bei, mit den bereits erwähnten Auswirkungen auf die Aufmerksamkeitsentwicklung im schulischen Bereich, aber auch auf das Familienleben und generell auf die Gesamtheit des Sorge-Systems. Dies geschieht deshalb, weil die Beanspruchung der Aufmerksamkeit zur grundlegenden Funktion des Wirtschaftssystems geworden ist, was bedeutet, daß die Biomacht auch zu einer Psychomacht geworden ist. Deshalb gilt es, die *Revolution* dieses ökonomischen Systems zu denken – die die Situation umkehrt, indem sie dieses neue Stadium der Grammatisierung *zur Grundlage einer neuen Form der noetischen Aufmerksamkeit macht.*

32 Drei Typen sekundärer psychischer Retentionen

Daß die Psychomacht zur zentralen Funktion der Biomacht wird, hat wesentliche Auswirkungen auf die »Schlacht für die Intelligenz«. Angesichts der Grenzen, mit denen sich der zeitgenössische Kapitalismus konfrontiert sieht, ist die »Schlacht für die Intelligenz« der grundlegende Einsatz für den ökonomischen Krieg. Dabei gilt es nicht, sich der Grammatisierung zu widersetzen, nicht einmal der Grammatisierung der Psyche, sondern das Ausmaß der neuen pharmakologischen Probleme zu erkennen und darauf mit einer Therapeutik zu reagieren, die sich als Erfindung eines neuen Industriemodells sowie einer neuen Ära von Erziehung und Ausbildung als Formierung von Verantwortlichkeit umschreiben läßt. An diesem Punkt, der einer vorläufigen Schlußfolgerung gleichkommt, sollte präzisiert werden, wie die Retentionen beschaffen sind, die die Kognitionswissenschaften mit der Aufmerksamkeit verwechseln.

Die Retention ist die Grundlage jedes Sorge-Systems, das stets ein Lernsystem ist, durch das sich die Aufmerksamkeit entwikkelt. Lernen bedeutet etwas behalten, lateinisch *retenire*. Jean-Pierre Changeux schreibt zwar zu Recht, »Lernen bedeutet eliminieren«,[19] womit er die Proto-Anbahnung der Synaptogenese exakt beschreibt. Lernen behält jedoch auf dieser neurologischen Basis, so wie sie organologisch verfaßt ist, bereits das, was man als sekundäre Hyper-Retentionen in Form von synaptischen Schaltkreisen bezeichnen könnte (die das Hirn lebenslang markieren). Lernen bedeutet, das zu behalten, was sich als Erinnerung an die Objekte der Erfahrung konstituieren wird, die wiederum *Operationen* von Retentionen zugeordnet werden können. Diese ermöglichen die Reaktivierung oder Erschaffung von Kreisläufen der Transindividuation[20], welche sich ihrerseits auf die kollektiven sekundären Retentionen stützen.

Auf der Ebene der sekundären psychischen Retentionen sollten infolgedessen drei große Kategorien unterschieden werden:

1. Die *synaptischen Hyper-Retentionen*, ohne die sich die übrigen psychischen Retentionen nicht entwickeln könnten;

2. die *Retentionsoperationen* und deren Kategorien, durch die sich die psychischen Inhalte herstellen;
3. die *psychischen Inhalte* selbst, die stets Produkte einer Selektion sind und insofern auch Produkte einer Eliminierung.

Wenn nämlich »Retention« die phänomenologische Bezeichnung für das ist, was im allgemeinen von einem Bewußtsein behalten oder zurückbehalten wird, so ist sie als solche auch eine zu erlernende *Operation*, wie beispielsweise die typisch schulische Einübung der Gedichtrezitation zeigt. Ebenso behält man die Lektionen, durch die man lernt, arithmetische Operationen durchzuführen, die selbst Retentionsoperationen sind: Bei einer Addition im Dezimalsystem zur Zahl Zehn zu gelangen bedeutet, »eins zu behalten« (acht plus zwei gleich zehn, wobei ich die Null einsetze und die Eins behalte). Entsprechend bedeutet sprechen oder zuhören, ebenfalls eine *Operation* durchzuführen, deren Grammatik und Semantik durch Grammatisierung erzeugte Formalisierungen sind.

Sämtliche retentionalen Prozesse beruhen auf den *Retentionsoperatoren*, welche die symbolischen Praktiken stiften, für die die Sprache selbst die am weitesten verbreitete Basis ist. Auf der Grundlage solcher Praktiken bilden sich die Korpora der Disziplinen, die das Wissen konstituieren. Von solchen Korpora ausgehend, wendet der psychische Apparat seine *eigenen* Retentionskriterien an: *seine psychischen sekundären Retentionen, die selbst zu Operatoren werden und mit Hilfe deren er sein kritisches Bewußtsein benutzt und somit zur Mündigkeit gelangt.*

Solch ein Bewußtsein kann *gelehrt* werden, weil es durch ein retentionales *Instrument* (ein *organon* – wie die *Logik* des Aristoteles bezeichnet wird) neu ausgerichtet wird, die letztlich eine gelehrte Disziplin ist. Man kann in einer solchen Disziplin auch einen Spezialisten ausbilden, einen Mathematiker, Geographen oder Anglisten, dessen Aufmerksamkeit sich tiefgreifend nach solchen retentionellen Kriterien konfiguriert wird.

Dies alles geschieht auf einer organologischen Grundlage, die zugleich die synaptischen Schaltkreise des Hirns wie auch die Inhalte der Disziplinen informiert, die dadurch miteinander kommunizieren und die Einheit eines Wissens bilden können. Alphabetisieren bedeutet, die aufmerkenden Fähigkeiten der jungen Generationen zu transformieren, indem man sie eine gemeinsame retentionale Fähigkeit erwerben läßt, die zugleich auch allen Disziplinen gemein ist. Sie bilden als solche *das* Wissen als Korpus der kollektiven sekundären Retentionen: sekundär, weil jeder sie mehr oder weniger wiedererlebt haben muß (was Husserl Reaktivierung[21] nennt), und kollektiv[22], weil sie gleichwohl organologisch tertiärisiert sind und gemeinschaftlich geworden sind – und dadurch das *Wir* einer Disziplin bilden.

Die gemeinsame retentionale Fähigkeit des Wissens, wie es im Okzident vermittelt wird, ist der *Buchstabe*, die Grundlage der Gelehrtenrepublik und Quelle der Mündigkeit im Sinne Kants, durch die die Jugendlichen Zugang zum Buchstaben und zu dem finden, was sich in Form von Büchern und Disziplinen des Wissens angesammelt hat. Die instituierte Vermittlung ist die Voraussetzung für die Anreicherung des Wissens durch die Erneuerung junger Generationen, die mnemotechnisch mit dem Buchstaben ausgestattet und ausgebildet sind.

Die Vermittlung von Disziplinen, die als Korpus von Retentionsoperationen das Wissen bilden, erzeugt als institutionalisierte Verinnerlichung *Erwartungen*, welche die Aufmerksamkeit als protentionale Kompetenz formen. Es entstehen Erwartungshorizonte und mit ihnen Aufmerksamkeit für die *Konsistenzen*, die dieser retentionale Vorrat als un-endliche Zukunft des Wissens zu projizieren ermöglicht. Ohne die Projektion solcher Konsistenzen, deren Einheit Kant zufolge die Vernunft ausmacht, würde es die *rationale Aufmerksamkeit* nicht geben, aus der das Wissen besteht.

Der retentionale Vorrat, aus dem das Wissen besteht, bildet insofern präindividuelle Milieus (Foucault nennt sie archäologisch) für Individuationen, die Ausdruck der Wissensformen sind, »diskursive Formationen«, wie Foucault auch sagt, mittels deren die Gelehrten sich individualisieren (Gelehrte hier im Sinne Kants: jene, die Zugang zum Wissen haben und dadurch andere, die ebenfalls über diesen Zugang verfügen, ansprechen können). Eine Disziplin ist als Kompetenz ein solches präindividuelles Milieu, in dem sich die Gelehrten stets individualisieren – aber nur, sofern sie sich gemäß den Regeln dieser Disziplin trans-individualisieren. Dabei ist das Wissen selbst ein Individuationsprozeß mit unabgeschlossener Struktur – er entspricht der Individuation der *transindividualisierten* (im Sinne Simondons: der geistigen) Menschheit.

Schlußfolgerung

33 Automatisches Bewußtsein und die Liquidierung der Institutionen

Es ist Hans Jonas zu verdanken, daß er die Frage nach der Beziehung zwischen den Generationen im Hinblick auf die Verantwortung gestellt hat, wobei er deren durch die Epoche der industriellen Technologie hervorgerufene Besonderheit hervorgehoben hat. Allerdings ermöglicht seine Analyse keinesfalls, zu bedenken, daß die Aufmerksamkeit aus dem Zusammenspiel von Retentionen und Protentionen entsteht, daß dieses Zusammenspiel von tertiären Retentionen überdeterminiert wird und daß diese Überdeterminierung die organologische Basis für das soziale Sorge-System (als organologisches System) ist und daß sich nur in diesem eine psychische Aufmerksamkeit entwickeln und eine Verantwortlichkeit, das heißt Mündigkeit konstituieren kann. Grund dafür ist, daß Jonas' Diskurs eine Fortentwicklung der Heideggerschen *Sorgefrage* ist.

Seine Analyse kann infolgedessen nicht berücksichtigen, was aus der Kognition der Aufmerksamkeit folgt, bei der diese auf das automatisierte Operieren von tertiären Retentionen reduziert wird und bei der die primären und sekundären Retentionen (und die Protentionen, die sie erzeugen) kurzerhand eliminiert werden. Jonas' Analyse ermöglicht es außerdem nicht, zu verstehen, daß es die tertiären Retentionen sind, die die Entwicklung von langen Kreisläufen in der Transindividuation, als Kreisläufen des Wünschens, sowohl ermöglichen als auch verhindern, wobei die Kurzschlüsse durch Triebe verursacht werden, während die langen Kreisläufe der Sublimierung dieser Triebe entsprechen.

Wir haben gesehen, daß das Marketing den jugendlichen Nihilismus und die Infantilisierung der Erwachsenen organisiert, indem es triebgesteuerte Kurzschlüsse hervorruft, und daß die Anwendung der generalisierten Automatisierung von Retentionen zum Erscheinen dessen führt, was man als Technologien der Transindividuation – und als einen psychischen und kollektiven *Individuations- und Entindividualisierungsprozeß* ganz neuer Art auffassen sollte. All das vollzieht sich, als würde nach der Automatisierung des Über-Ich, die Marcuse in seinem Werk *Eros und Kultur* analysiert hatte, ein scheinbar *automatisches Bewußtsein* aufkommen, und zwar durch die Automatisierung und den Kurzschluß des retentionellen Systems Wahrnehmung/Bewußtsein, das dahin tendiert, den bewußten psychischen Apparat kurzzuschließen, den Freud als System W/B bezeichnete, indem es dieses an Maschinen delegiert und die sekundären Retentionen automatisiert.

Die Tendenz zur Automatisierung und zum Kurzschließen dieses Systems W/B tendiert auch dahin, die Institutionen zu liquidieren, die dessen sozialer Umsetzung entsprechen. Im allgemeinen beruht die Transindividuation auf einer referentiellen Individuation, das heißt auf einem referentiellen Identifikationsprozeß, dessen Grundlage die Institutionen sind: Unterrichten bedeutet etwas begründen. Die Liquidierung dieser Institutionen, die zu einer »liquiden Gesellschaft« führt, resultiert aus der generellen Mutation der Bedingungen für die Transindividuation, die sich im Verlauf des 20. Jahrhunderts mit dem Aufkommen von Psychotechnologien entwickelt haben, die von der Psychomacht eingesetzt werden. Diese Liquidierung stellt sich hauptsächlich als eine Auseinandersetzung zwischen Programminstitutionen und Programmindustrien dar.

In der Fortsetzung dieser Arbeit werde ich diese Entwicklung durch die Analyse der Diskurse von Hans Jonas, Ulrich Beck, Anthony Giddens und Axel Honneth und insbesondere von Niklas Luhmann weiterzudenken versuchen. Zu diesem Zweck ist es jedoch zunächst erforderlich, einige interne Probleme von Foucaults Werken detailliert zu analysieren – insbesondere all die Fragen zu einem Thema, das er mehrmals, wenngleich von unterschiedlichen Ansatzpunkten aus, erforscht hat, und zwar die Disziplin, die ich hier zu einer Grundvoraussetzung für die Transindividuation gemacht habe, die zur Entwicklung von Mündigkeit führt.

34 Das pharmakologische Werden der panoptischen Funktion und die Verbreitung der Gleichgültigkeit

Die Entwicklung von Disziplin als Voraussetzung für die Mündigkeit hat Jules Ferry in Frankreich umgesetzt, wobei er bereits eine Art Noopolitik anwendete. Dies wird jedoch in *Strafen und Überwachen* geleugnet: Foucault reduziert in diesem Werk die kirchliche wie die allgemeine Schule auf ihre *panoptische Funktion*.

Das Panoptikum hat sich heutzutage verallgemeinert. Es besteht sowohl aus dem Fernsehen (einschließlich der Überwachungskameras), das Deleuze als die Kontrolltechnologie schlechthin, das heißt als Psychotechnologie, definierte, und aus dem, was die Kognition der Aufmerksamkeit untersucht und umsetzt, wobei sie den Unterschied zwischen Aufmerksamkeit und Retention abschafft, und was sich in den sogenannten »sozialen Netzwerken« (*social networks*) konkretisiert, die das Nachvollziehen von Verhaltenweisen ermöglichen. Die social networks konkretisieren sich in Form des digitalen sozialen Engineering (*social engineering*), deren Folksonomien die digitale Entwicklung der Taxonomien sind, über die Michel Foucault in seiner *Ordnung der Dinge* reflektiert hatte und die ich in meinen folgenden Arbeiten als Stadium der *automatisierten Grammatisierung des Transindividuationsprozesses* an sich analysieren werde.

Nun sind diese Technologien der Transindividuation *Pharmaka*, bevorzugte Objekte der tragischen Denkart, die Jean-Pierre Vernant in *A table les hommes* beschreibt: Es handelt sich nicht darum, ihr Aufkommen anzuprangern, sondern über die Therapien nachzudenken, die sie erfordern und die neue mögliche Felder für den Transindividuationsprozeß eröffnen. Solche zukünftigen Möglichkeiten zu bedenken (von den schlimmsten bis hin zu den besten), setzt das Nachdenken über diesen Typus von Transindividuationsprozeß voraus, der *als Therapie* am Ursprung des Abendlands steht und der von der schriftlichen Hypomnesie unterstützt wird, die die Pharmakologie retentioneller Dispositive konstituiert, die rationale Therapien bilden.

Diese Therapien wurden von Foucault im Hinblick darauf untersucht, was aus der Sorge als Biomacht geworden ist. Foucault hat jedoch nie den pharmakologischen Charakter der tertiären Retentionen im allgemeinen berücksichtigt, die er allerdings als solche und als Archive analysiert. Das spiegelt sich in seinem Werk als eine Folge von widersprüchlichen Diskursen über das Thema Disziplin wider. Die Disziplin ermöglicht, sowohl lange Kreisläufe als auch Kurzschlüsse (als deren De-Formierung) zu formen. Was Foucault daran hindert, dies zu bedenken, wobei er vernachlässigt, daß Disziplin zugleich panoptisch und noetisch, das heißt Biopolitik und Noopolitik, ist, ist die Tatsache, daß das rationale Wissen und somit das Erziehungssystem neue assoziierte Milieus zusammen mit dem

bilden, was zunächst (als Prozeß der Grammatisierung) dissoziierte symbolische Milieus erzeugt.

In meinem Vortrag *Was ist Aufklärung?* habe ich aufzuzeigen
versucht, daß Mündigkeit eine Form der Aufmerksamkeit ist,
die ebenso wie *Bildung*, die unter festgelegten tertiären retentionellen Bedingungen geformt wird, die Grundlage des Sorge-
Systems konstituiert, das aus der Aufklärung und dem modernen industriellen Geist hervorgegangen ist. Dabei wird durch
die Industrie, angesichts der *immensen Zunahme humaner Fähigkeiten* und der daraus resultierenden Transformierung der
Natur, überdies eine zunehmende und generelle Verantwortlichkeit auferlegt.

Was als Ende der Aufklärung und der Moderne bezeichnet
wurde, zum Beispiel unter dem Namen »Postmoderne«, führt
zur Liquidierung dieses Sorge-Systems. Nun hat es derzeit den
Anschein, als resultiere daraus eine allgemeine Situation der
Gleichgültigkeit: eine vollständige Abwesenheit der Sorge, ein
generelles Laisser faire, das im Kontext eines essentiell speku-
lativen Finanzwesens, verursacht durch die weltweite Verbreitung des Wirtschaftskriegs, zur Konsequenz hat, daß der Spe-
kulant, der keinerlei Sorge für die Objekte trägt, mit denen er
spekuliert, allenthalben den Ruin verbreitet.

35 Die Pharmaka verwalten – Sorge und Erkenntnis

Es ist die intergenerationelle, durch »rationale Disziplinen« ge-
formte Transindividuation, aus der die Modalität der Sorge
besteht, die Vernunft oder *Logos* genannt wird und die das
reaktiviert, was im Zusammenspiel von Retentionen, die die
Disziplin konstituieren, in Form von Protentionen verborgen

ist. Diese Protentionen sind Probleme und Fragen, die sich im Verlauf der Transindividuation nicht als deren Vergangenheit, sondern als deren maßgebliche Zukunft geformt haben. Bezeichnen wir dies als ihre Virtualität: Auf diese Weise formen sich die Konsistenzen, die Archeprotentionen sind.

Die Psychomacht verwandelt die Aufmerksamkeit, weil sie sie zerstört, in eine zunehmend knappere Ressource, und dementsprechend sind die Bedingungen zur Formung von solchen Konsistenzen, die folglich zerstört werden. Dies gilt auch für das Wissen an sich und die Kantsche Mündigkeit. Heutzutage vollzieht sich diese Zerstörung der Aufmerksamkeit durch deren Automatisierung, die sich zunächst als ihr Kurzschließen offenbart (als Verwechslung von Aufmerksamkeit und Retention). Nun ist dies eine pharmakologische Frage: Das, womit die Aufmerksamkeit zerstört wird, ist genau das, was es ermöglicht, für diese Sorge zu tragen. In pharmakologischer Hinsicht wird diese Sorge durch nichts anderes ermöglicht, unter der Voraussetzung, daß wir imstande sein werden, dafür eine Therapie zu erfinden.

Die Sorge für dieses Übel durch dieses Übel ist keine Dialektik: Sie ist eine tragische Denkart im ursprünglichen Sinne des Wortes. Die Tragik versetzt die Sterblichen in eine Technizität ohne Vergebung: Es gibt nichts außerhalb dieses pharmakologischen Horizonts, innerhalb dessen die Sorge der Verwaltung der *Pharmaka* entspricht. Verwalten heißt im Griechischen *epimelesthai*, und Foucault demonstriert, wie seit der platonischen Philosophie die Metaphysik entsteht, indem sie die Anweisung zu *epimelesthai sautou*, einen Diskurs über die als Sorge aufgefaßte Disziplin, durch die delphische Anweisung *gnothi sauton* ersetzt, die mit Plato zu einem Diskurs über die Disziplin als Erkenntnis wird.

Im Anschluß an das vorliegende Werk werde ich mit Hilfe einer erneuten Lektüre von Foucaults Werk, das letztlich zur Frage der Sorge zurückführt, die Aspekte der Transformation analysieren, die sich zwischen den beiden Bedeutungen von Disziplin vollzieht.

Anmerkungen

1 Die Zerstörung des jugendlichen psychischen Apparats

1 Zitiert von Jacques Hintzy, Präsident der UNICEF Frankreich, in: Libération vom 18. Juli 2007.

2 Ebd.

3 Umstrittener Slogan von Patrick Le Lay, dem ehemaligen Geschäftsführer des Fernsehsenders TF1 (A.d.Ü.).

4 Ich habe das Thema der Umlenkung der primären Identifikation ausführlicher erörtert in: *Mécreance et discrédit*, Bd. 2, *Les sociétés incontrôlables d'individus désaffectés*, Paris 2006, S. 130-135.

5 Ich werde darauf in Kapitel IV zurückkommen.

6 http://blogantipub.wordpress.com/2007/06/15/eduquer-soit-meme-ses-enfants-cest-nul/.

7 Das, was durch die Erinnerungen geformt wird, die wieder ins Bewußtsein gerufen werden können.

8 Das, was durch Erinnerungen geformt wird, die verdrängt worden sind und nicht wieder ins Bewußtsein gerufen werden können.

9 Primäre Retention meint innerhalb der Husserlschen Zeitanalyse das Halten eines momentanen Eindrucks in der »frischen« Erinnerung und unterscheidet sich damit von der gewollten Wiedererinnerung. – Wir werden auf diese Themen in Kapitel III detaillierter eingehen.

10 Vergleiche S. Freud, *Das Ich und das Es und andere metapsychologische Schriften*, Frankfurt am Main 1990, S. 177.

11 Die Différance ist im allgemeinen »die Flucht der Zeit und die Temporisation des Raums«. Die Différance als Verhältnis, das die Beziehungen des Lust- und des Realitätsprinzips regiert, hat Jacques Derrida insbesondere beschrieben in: *Die Postkarte von Sokrates bis an Freud und jenseits*, 2 Bde., Berlin 1982 und 1987.

12 Zu diesem Konzept des *pharmakon*, das im Mittelpunkt des vorliegenden Buches steht, hat Derrida (in *Platons Pharmazie*, in: *La dissémination*, Paris 1972, dt: *Dissemination*, Wien 1995) mit Hilfe eines Kommentars zu Platons Dialog *Phaidros* eine Theorie entwickelt. Platon schreibt in diesem Dialog, die Schrift sei ein *pharmakon*, ein Gift wie zugleich ein Heilmittel gegen ein schwaches Gedächtnis. Die Bedeutung von »Sündenbock«, die das Wort

pharmakon im antiken Griechenland ebenfalls besaß, hebt Derrida nicht hervor.

13   S. Freud, *Der Mann Moses und die monotheistische Religion. Schriften über die Religion*, Frankfurt am Main 1994.

14   S. Freud, *Vorlesungen zur Einführung in die Psychoanalyse*, Frankfurt am Main 1994, S. 174.

15   Ich habe diese Ansicht vertreten in: *Perséphone, le chant de l'âme, »l'autre temps«*, in: L'Inactuel 1, 1994, sowie in: *Perséphone, Œdipe, Epiméthée*, in: *Tekhnema* 3, Paris 1996. Ich werde auf dieses Thema des Transindividuellen und seiner Vermittlung durch die Generationen sowie der Unfähigkeit der psychoanalytischen Theorie, sie zu denken (als Unfähigkeit, die Technik zu denken), zurückkommen in: *La technique et le temps*, Bd. 5, *La guerre des esprits*, erscheint beim Verlag Galilée, Paris.

16   S. Freud, *Vorlesungen zur Einführung in die Psychoanalyse*, a.a.O., S. 174.

17   J.-B. Pontalis, *Nach Freud*, Frankfurt am Main 1968, S. 43.

18   Freud, *Der Mann Moses und die monotheistische Religion*, a.a.O., S. 104.

19   Vergleiche zu diesem Begriff: B. Stiegler, *La technique et le temps*, Bd. 1, *La faute d'Epiméthée*, Paris 1994, S. 185.

20   B. Stiegler, *De la misère symbolique*, Bd. 2, *La catastrophe du sensible*, Paris 2004, S. 29, 99.

21   B. Stiegler, *Mécréance et discrédit*, Bd. 3, *L'esprit perdu du capitalisme*, Paris 2006, S. 58 f.

22   Freud, *Das Ich und das Es*, a.a.O., S. 264.

23   Ebenda.

24   Vergleiche zu Antigone: Stiegler, *Mécréance et discrédit*, Bd. 2, a.a.O., Kap. 2, Le complexe d'Antigone, S. 53.

25   Genesis 4, 16-24.

26   Th. Mann, *Das Gesetz*, Frankfurt am Main 1964, S. 8.

27   Matthäus 1,20-25.

28   Kant, der die Aufklärung über die Mündigkeit definierte, hat die Kirche als das Symbol bezeichnet – als das Symbol Christi, zu dessen Körper die Kirche nach seiner Kreuzigung und Wiederauferstehung wurde, durch Vermittlung eines Buches, das sich als »Neues Testament« präsentierte: als ein neues Erbe. Dieses Symbol ist als Institution eine Institution des Buchs.

29 »Die Welt, die uns die Werbung vorsetzt, ist vollkommen desillusioniert. Sie geht regelmäßig in den Fastfood-Restaurants ›futtern‹, wie ihre rundlichen Formen, die sie bereits in diesem Alter beschäftigen, uns zeigen. Der Gemüsehaufen auf dem Tisch verstärkt ihre nächste Depression. Weshalb sollten wir an diesem Punkt, an dem wir bereits angekommen sind, eigentlich nicht fortfahren, dem Fernsehen die Aufsicht und Erziehung des Kindes anzuvertrauen? Das Fernsehen, eine virtuelle Welt, in der die Eltern unheimlich prima sind, die Ware die Königin, die Wünsche in Ordnung und das System einzigartig und liberal.« – http://blogantipub.wordpress.com/2007/06/15/eduquer-soit-meme-ses-enfants-cest-nul/.

30 Zur Transindividuation siehe mein Vorwort zu: G. Simondon, *Individuation psychique et collective*, Paris 2007, S. XIII, und B. Stiegler, *Réenchanter le monde. La valeur esprit contre le populisme industriel*, Paris 2006, S. 122; B. Stiegler, *La télécratie contre la démocratie*, Paris 2006, S. 33 ff., 107 ff. und 157 ff.; B. Stiegler, *De la démocratie participative*, Paris 2007, S. 102. Ich erinnere daran, daß für Jean-Bertrand Pontalis das Unbewußte, die Entdeckung Freuds, transindividuell ist.

31 Die Wissensformen, in denen das Ich als System von Wahrnehmung/Bewußtsein den Kontakt zur Außenwelt herstellt, sind das lebendige Wissen als Dispositiv, das primäre Retentionen sammelt, sie in die sekundären Retentionen integriert und so das Erbe durch neue entsprechende Erfahrungen bereichert. Vergleiche B. Stiegler, *De la misère symbolique*, Bd. 2, a.a.O., S. 232 ff.

32 G. Deleuze, *Pourparlers 1972-1990*, Paris 1990; dt.: *Unterhandlungen 1972-1990*, Frankfurt am Main 1993, S. 257.

33 Ich habe diesen Standpunkt durch Entwicklung eines Adoptionskonzepts vertreten in: *La technique et le temps*, Bd. 3, *Les temps du cinéma et la question du mal-être*, Paris 2001, S. 138 ff.

34 D. Winnicott, *Playing and Reality*, London 1971; dt.: *Vom Spiel zur Kreativität*, Stuttgart 2006, S. 24.

35 Siehe zu diesem Begriff unten und B. Stiegler, *Philosopher par accident*, Paris 2004, S. 81.

36 *Le Figaro*, 7. Juni 2007.

2 Die »Schlacht der Intelligenz« für die Mündigkeit

1 M. Mendelssohn/M. Thom (Hg.), *Schriften über Religion und Aufklärung*, Berlin 1989.

2 Siehe dazu: B. Stiegler, *Mécréance et discrédit*, Bd. 1, *La décadence des démocraties industrielles*, Paris 2004, § 31. La culture comme transmission des rétentions secondaires collectives, S. 152 ff.

3 B. Stiegler, *La technique et le temps*, Bd. 1, a.a.O., S. 185, und Stiegler, *Philosopher par accident*, a.a.O., S. 49 ff.

4 S. Freud, *Das Ich und das Es*, a.a.O., S. 57, 88.

5 J. Lacan, in: *Scilicet*, 1968, S. 35.

6 I. Kant, *Beantwortung der Frage: Was ist Aufklärung?*, Hamburg 1999, S. 22.

7 Vergleiche zu diesem Thema: B. Stiegler, *La télécratie contre la démocratie*, a.a.O., S. 259 ff.

8 Kant, *Beantwortung der Frage: Was ist Aufklärung?*, a.a.O., S. 20.

9 Ebenda.

10 Ebenda.

11 Diese These steht im Mittelpunkt der Vereinigung Ars Industrialis, siehe: http://www.arsindustrialis.org.

12 Kant, *Beantwortung der Frage: Was ist Aufklärung?*, a.a.O., S. 24.

13 Dieses Seminar wurde zweihundert Jahre nach Erscheinen von Kants Beantwortung der Frage der Berlinischen Monatsschrift im *Magazin littéraire* veröffentlicht. M. Foucault, *Was ist Aufklärung?*, in: ders., *Dits et Ecrits. Schriften*, Bd. 4, Frankfurt am Main 2005, S. 837-848.

14 Ebenda, S. 687-707.

15 I. Kant, *Beantwortung der Frage: Was ist Aufklärung?*, a.a.O., S. 22.

16 Ebenda.

17 Zum Konzept des assoziierten Milieus siehe: B. Stiegler, *Réenchanter le monde*, a.a.O., S. 52 ff.; *La télécratie contre la démocratie*, a.a.O., S. 28 ff.; *De la démocratie participative*, a.a.O., S. 74 ff.

18 Kant, *Beantwortung der Frage: Was ist Aufklärung?*, a.a.O., S. 22.

19 Ebenda, S. 22 f.

20 Ebenda, S. 23.

21 Vergleiche die Hinweise auf Leroi-Gourhan in: B. Stiegler, *La technique et le temps*, Bd. 2, *La désorientation*, Paris 1996, S. 106 ff.

22 Vergleiche zu diesem Punkt auch: D. Lecourt, *Pour une critique*

de l'épistémologie, Bachelard, Canguilhem, Foucault, Paris 1972, S. 30 ff.

23 Foucault, *Was ist Aufklärung?*, a.a.O., S. 846.

24 I. Kant/H. Kliemann (Hg.), *Ueber die Buchmacherey: Zwey Briefe an Herrn Friedrich Nicolai*, München 1956, S. 15. Dominique Lecourt betont in seinem Vorwort zu der französischen Ausgabe, die von Jocelyne Benoist eingeleitet und übersetzt worden ist, daß »sich zu Beginn der 1730er Jahre, [...] im Zentrum einer aktiven Bourgeoisie, die als aufgeklärt gelten wollte, eine ›Öffentlichkeit‹ herausbildete. Diese Öffentlichkeit beginnt, sich auf andere soziale Schichten auszubreiten, die erst kürzlich alphabetisiert worden waren. Daher die Welle von Lehrbüchern und Wörterbüchern, die sich verbreiteten, und das Erscheinen von literarischen Büchlein, die man in die Tasche stecken konnte.«

25 Vergleiche Catherine Kintzler, *Condorcet*, Paris 1984.

26 Jules Ferry (1832-1893), französischer Ministerpräsident und Minister in der III. Republik (A.d.Ü).

27 »Es sind die Kräfte der Intelligenz, die ein stärkeres, dauerhafteres und ethischeres wirtschaftliches und soziales Wachstum anregen und speisen«, erklärte François Fillon während seines Besuchs des astrophysischen Labors von Orsay. Vergleiche auch meine Kommentare zu Seillière, in: *Mécreance et discrédit*, Bd. 2, a.a.O., S. 104-106.

28 B. Stiegler, *La télécratie contre la démocratie*, a.a.O., S. 44 ff.

29 Ich muß hier präzisieren, daß sämtliche technischen Milieus als mnemotechnische zugleich auch psychotechnische Milieus sind. Damit konstituiert sich die Welt durch ihre Technizität: Sie ordnet die Denkformen und psychischen Apparate im Hinblick auf die psycho-mnetischen Merkmale an, die sie als Milieu hervorbringt. Dennoch ist nicht jede Technik eine Psychotechnik im ursprünglichen Wortsinn: Nicht jede Technik ist dazu vorgesehen, Aufmerksamkeit zu vereinnahmen und zu formieren, selbst wenn jede Technik zu dieser Vereinnahmung und Formierung (oder Deformation) beiträgt.

30 Diese Dummheit ist wie eine Hydra von stets wechselnder Gestalt; sie nimmt viele Formen an: Köpfe, Gesichter und Münder. Unter den historischen Formen, die unsere eigene Epoche und speziell Frankreich betreffen, befindet sich jene, mit der Braudel den französischen Kapitalismus bezeichnet hat.

31 Das ist das Thema von *Réenchanter le monde* und die Daseinsbe-
rechtigung von *Ars Industrialis.*
32 Vergleiche dazu: B. Stiegler, *De la misère symbolique*, Bd. 1, Paris
2004, S. 111-114.
33 Vergleiche B. Stiegler, *La télécratie contre la démocratie*, a.a.O.,
sowie B. Stiegler, *Réenchanter le monde*, a.a.O., S. 41, 133.
34 Es stellt sich weniger die Frage nach der *ontologischen Differenz*, mit
der sich trotz der Bemühungen Heideggers die *pharmaka* nicht
denken lassen, als nach der *pharmakologischen différance*, die jedoch nicht einfach die Unfähigkeit der Aporie und des Unent-
scheidbaren darstellt, an der sich die Epigonen von Jacques Derrida
erfreuen. Sie ist als diese *différance* des Unvermögens ein Vermögen
dieser *différance*, ein Weichen dieses Unvermögens, eine Eroberung
der Mündigkeit, die hier keine der Heteronomie entgegengesetzte
Autonomie darstellt, sondern die Individuation in einem assoziierten symbolischen Milieu, das auch und immer schon ein technisches Milieu ist.

3 Mysterien und Triebe von der Aufklärung bis zur Psychomacht

1 Ein besonderes Augenmerk verdienen in diesem Zusammenhang die
psychosomatischen Techniken der asiatischen Selbstsorge, bei denen
Körper und Seele nicht voneinander getrennt werden; sie haben ein
therapeutisches System hervorgebracht, das von dem seit Hippo-
krates im Westen entwickelten System vollkommen abweicht.
2 I. Kant, *Beantwortung der Frage: Was ist Aufklärung?*, a.a.O., S. 20.
3 Ein Programm, das Heidegger seinerseits aufnimmt, indem er
Platon (*Der Sophist*, 242c) in *Sein und Zeit* (Tübingen 2006,
S. 6) wie folgt zitiert: »Das Sein des Seienden ›ist‹ nicht selbst ein
Seiendes. Der erste philosophische Schritt im Verständnis des
Seinsproblems besteht darin, nicht μῦθόν τινα διηγεῖσθαι, ›keine
Geschichte erzählen‹, d.h. Seiendes als Seiendes nicht durch Rückführung auf ein anderes Seiendes in seiner Herkunft zu bestim-
men, gleich als hätte Sein den Charakter eines möglichen Seien-
den.« Hier handelt es sich jedoch darum, die Frage nach einer
neuen Mystagogie zu eröffnen: die der »ontologisch« genannten
Differenz eines Wesens, das kein Seiendes ist, und damit, meinen

eigenen Analysen zufolge, ein unvollendetes Wesen, das un-end-lich ist, weil es ein *Objekt des Wünschens* konstituiert. Siehe dazu im folgenden meine Überlegungen zum Objekt der Aufmerksamkeit als Objekt allen Wünschens, und B. Stiegler, *Mystagogie – De l'art contemporain*, noch nicht erschienen.

4 P. Sloterdijk, *Regeln für den Menschenpark*, Frankfurt am Main 1999.

5 Heraklit/B. Snell (Hg.), *Fragmente: griechisch und deutsch*, Zürich 1995, S. 37.

6 Platon/M. Kranz (Hg.), *Menon*, Stuttgart 1994, S. 33 (80a).

7 Ebenda, 81c-82a: »Das Suchen und das Lernen sind also gänzlich Wiedererinnerung. [...] wo ich doch behauptet habe, es gebe keine Belehrung, sondern Wiedererinnerung.«

8 Mendelssohn/Thom (Hg.), *Schriften über Religion und Aufklärung*, a.a.O., S. 462.

9 Kant, *Beantwortung der Frage: Was ist Aufklärung?*, a.a.O., S. 26.

10 Ebenda, S. 21.

11 Abgesehen vielleicht von totalitären Organisationen des sozialen Apparats aus der Zeit der Entstehung der Kulturindustrien, die ebenfalls darauf abzielten, den psychischen Apparat durch Psycho-technologien zu eliminieren.

12 Vergleiche B. Stiegler, *Mécréance et discrédit*, Bd. 1, a.a.O., S. 82-87.

13 François Fillon sagte zu diesem Thema in seiner Regierungserklä-rung: »Angesichts der Kultur der Gewalt bleibt mir nur ein Macht-wort: keinesfalls nachgeben! Ich benutze das Wort ›Kultur‹ absicht-lich, weil es sehr wohl unsere gesamte Gesellschaft ist, die in ihren Werten und Moralvorstellungen herausgefordert wird. Wir haben versprochen, gegen mehrfache Wiederholungstäter vorzugehen: Das Gesetzesprojekt, das Ihnen präsentiert wird, berücksichtigt unser Engagement. Die delinquenten Verursacher schwerer Straf-taten werden bei einem Rückfall zum Gegenstand von Mindest-strafen. Wir haben Ihnen auch versprochen, uns mit der Delin-quenz von Minderjährigen zu befassen. Von nun an wird Minderjährigkeit nicht mehr von Amts wegen ein Alibi für junge Straftäter sein. Aus der Tatsache, daß sie entlastet und straffrei bleiben, haben manche jugendliche Straftäter geschlossen, daß die Gesellschaft weder den Mut besitzt, sie in die Schranken zu weisen, noch den Großmut, sie wieder auf den rechten Weg zu bringen. Das muß aufhören!«

14 Wenn das Problem die kulturelle Gewalt ist, das heißt in Wahrheit die Vergewaltigung der Kultur, von der die »Kultur der Gewalt«, wie François Fillon sie nennt, nur ein Teil ist, und wenn »es sehr wohl unsere gesamte Gesellschaft ist, die in ihren Werten und Moralvorstellungen herausgefordert wird«, insofern diese »Kultur der Gewalt« entstanden ist durch die Psychomacht der Eroberung der Zeit von Gehirnen, die »verfügbar«, weil gewaltsam ihres Bewußtseins beraubt sind, dann kann es nicht einfach um die Forderung gehen, daß die »öffentlichen audiovisuellen Medien [. . .] ihre Aufgabe ganz erfüllen« – was im übrigen zunächst eine Präzisierung dieser Aufgabe durch den Premierminister erforden würde. Wie auch immer diese beschaffen sein mag, kann sie nur durch die Definition eines neuen Gesetzesrahmens für die privaten und öffentlichen audiovisuellen Medien im allgemeinen und durch die Umsetzung einer Industriepolitik der Neuen Medien erfüllt werden, deren Grundzüge ich in *Réenchanter le monde*, a.a.O., skizziert habe.

15 Die Vertauschung der Generationenabfolge beim Konsumismus zerstört die gemeinsame Aufgabe, sich ebenso um die Welt wie um sich selbst zu sorgen, wobei die Selbstsorge in völligem Gegensatz zum Konsum steht, der zu Fettleibigkeit und Bewegungsmangel, zu Suchtverhalten und kognitivem Owerflow-Syndrom, zu Aufmerksamkeitsdefizit-Störung und Depressionen, zu Impotenz und letztendlich zur Auflösung des Wünschens führt. Auch beim Kampf gegen die Umweltschäden, vor allem gegen die Erderwärmung, dem dem Versprechen von Nicolas Sarkozy zufolge die höchste Priorität der französischen Regierung gilt, geht es letztlich um das zentrale Problem der *Sorge*: Abgesehen vom CO_2-Ausstoß der Motoren oder Fragen, die im Zusammenhang mit genmanipulierten Organismen, der Nuklear- und Nanotechnologie stehen, handelt es sich darum, auf der Ebene der psychischen, sozialen und technischen (das heißt industriellen) Apparate eine neue Form der Aufmerksamkeit zu wecken, die ganz offensichtlich ein neues Gesellschaftsprojekt bestimmt, das sich auf einer neuen Form der Intelligenz in der Bedeutung von Zusammensein, *interlegere*, gründet.

16 Aufgrund dieser Konfusion entwickelt sich der Diskurs unweigerlich zu einem über das negative Wachstum und die globalen Miß-

stände, deren Symptom er ist. François Fillon hat vollkommen recht, wenn er die Dynamik der neuen Industrienationen und insbesondere ihrer Jugend hervorhebt. Er hat jedoch unrecht, ihre Probleme, die sich in einem ebenso schwindelerregenden Tempo enthüllen (wie zum Beispiel die Wachstumsraten Chinas), unterzubewerten. Diese Schwierigkeiten gleichen schweren Wolken, die am globalen Horizont aufziehen – ein Himmel voller zukünftiger Orkane, den bald zudem Hunderte Milliarden Tonnen von Kohlendioxyd bedecken werden, die der Übernahme der industriellen Lebensweise und ihrer zerstörerischen Vorstellungen entspringen, die zusammen mit den toxischen Molekülen zu ihm aufsteigen werden. Die Auflösung der intergenerativen Strukturen vollzieht sich nämlich in Asien und in der restlichen Welt ebenso wie in den Industrieländern und zeitigt dort die gleichen Effekte: Rücksichtslosigkeit und negative Sublimierung (vgl. dazu: B. Stiegler, *Mécréance et discrédit*, Bd. 2, a.a.O., S. 74, 88-89, und ders., *Mécréance et discrédit*, Bd. 3, a.a.O., S. 95).

17 Zur weitreichenden Problematik der Furcht und ihrer aktuellen Ausbeutung siehe insbesondere Dominique Lecourt, *Contre la peur*, Paris 1999, und Marc Crépon, *Trouver des armes contre la peur*, conférences prononcées dans le cadre du séminaire *Trouver de nouvelles armes – Pour une polémologie de l'esprit* les 20 décembre 2006 et 17 janvier 2007, noch nicht erschienen.

18 Das ist es, was Antigone sagt, als sie sich dem Gesetz Kreons widersetzt und im Namen des göttlichen Rechts um ihren toten Bruder Sorge trägt, das heißt: im Namen eines Gesetzes, das die Lebenden mit den Toten vereint und das die Nachkommen und ihre existierenden positiven und ephemeren Gesetze überschreitet.

19 Siehe dazu insbesondere: B. Stiegler, *Mécréance et discrédit*, Band 2, a.a.O., S. 20 ff. Zum Unterschied zwischen Konsistenz, Existenz und Subsistenz siehe *Mécréance et discrédit*, Bd. 1, a.a.O., S. 69-70, 125-127.

20 »Für Mendelssohn existiert sehr wohl die ›Gefahr einer katastrophalen Abirrung des Strebens nach Erkenntnis, der Aneignung von Wissen‹, [...] ein Mißbrauch der Vernunft, dessen verderbliche Konsequenzen in der Entwicklung des Egoismus und der Amoralität bestehen. Wird sich die Aufklärung als definitiver Fortschritt der Vernunft oder vielmehr als Fortschritt der Dekadenz erweisen,

die systematisch aus der Entwicklung menschlichen Wissens folgt?« (Cyril Morana, »Eclairer les Lumières«, in: *Qu'est-ce que les lumières?*, a.a.O., S. 47).

21 Ebenda, S. 44.

22 Zu diesen Fragen siehe B. Stiegler, *Mécréance et discrédit*, Bd. 1, a.a.O., S. 123 ff.

23 Das meint vor allem die Diskretisierung, die die Entwicklung der hypomnetischen Systeme kennzeichnet, also auch die Techniken der Aufmerksamkeitsvereinnahmung, zunächst als Psychotechniken und dann als Psychotechnologien. Zum Prozeß der Grammatisierung siehe: B. Stiegler, *La télécratie contre la démocratie*, a.a.O., S. 157 ff.

24 G. Deleuze, *Unterhandlungen*, a.a.O., S. 260.

25 M. Weber, *Die protestantische Ethik und der Geist des Kapitalismus*, Tübingen 1934.

26 Ich habe deren unterschiedliche Aspekte analysiert in: *Constituer L'Europe*, Bd. 1, Paris 2005, S. 12, 20.

27 Siehe dazu: B. Stiegler, *Mécréance et discrédit*, Bd. 1, a.a.O., S. 92-94, 143-147.

28 Zu dieser Thematik des Designs vergleiche *Constituer l'Europe*, a.a.O., S. 59 ff.

29 Zum Über-Ich und der Kritik des Gesetzes im allgemeinen, vergleiche: B. Stiegler, *Mécréance et discrédit*, Bd. 2, a.a.O., S. 53.

30 Die Technologien einer derartigen kollektiven Intelligenz werden derzeit in vielfältiger Weise entwickelt. Bedauerlicherweise wird ihre Konzeption nicht von einer Wissenschafts- und Industriepolitik begleitet, die diesen Namen verdiente. Statt dessen werden diese Technologien, die auch *pharmaka* sind, in den Dienst der Schwächung der individuellen wie auch kollektiven Intelligenz gestellt. In diesem Sinne hat Barbara Cassin folgendes Buch schreiben können: *Google-moi, la deuxième mission de l'Amérique*, Paris 2007.

31 Es handelt sich um die Problematik, die *Ars Industrialis* als Geistestechnologien in einem technischen wie symbolischen assoziierten Milieu bezeichnet, das mit den digitalen Netzwerken entstanden ist.

32 Man sollte diesen Wirtschaftskrieg eines Tages auf internationaler Ebene diskutieren, wie es bei allen Kriegen der Fall ist. Dabei ginge es ebenso um die Frage nach der Rechtmäßigkeit dieses Kriegs wie um die nach Friedensabkommen.

4 Synaptogenese der Aufmerksamkeitszerstörung

1 Das Wort »conscience« bedeutet zunächst das »mit Wissen« (*conscientia*) in einer Gemeinschaft mit einem gemeinsam geteilten Wissen; später bezeichnet es das moralische Bewußtsein; diese Bedeutung verbreitete sich insbesondere im 17. Jahrhundert im Rahmen der Subjektphilosophie.

2 Vergleiche zu dieser Logik des Schlimmsten: B. Stiegler, *Mécréance et discrédit*, Bd. 2, a.a.O., S. 41, 74, 94.

3 B. Stiegler, *Réenchanter le monde*, a.a.O., S. 20 ff., 112 ff.; ders., *La télécratie contre la démocratie*, a.a.O., S. 145 ff., 151 ff.

4 Vgl. Sonia Livingstone/Moira Bovill, *Children and young people in their changing media environment*, Erlbaum, Mahwah, N.J. und London, 2001.

5 Vgl. *Archives of Pediatrics & Adolescent Medicine*, Nr. 161, Mai 2007, S. 473-479.

6 *Archives of Pediatrics & Adolescent Medicine*, Nr. 113, April 2004, S. 708.

7 Institut National de la Santé Et de la Recherche Médicale, Staatliches Französisches Institut für Gesundheitswesen und medizinische Forschung (A.d.Ü.).

8 Siehe meine Ausführungen zu diesem Thema, in: B. Stiegler, *Mécréance et discrédit*, Bd. 2, a.a.O., S. 130.

9 B. Stiegler, *La télécratie contre la démocratie*, a.a.O., S. 44 ff.

10 Ebenda, S. 162.

11 B. Stiegler, *La technique et le temps*, Bd. 3, a.a.O., S. 138.

12 B. Stiegler, *La télécratie contre la démocratie*, a.a.O., S. 112.

13 B. Stiegler, *La télécratie contre la démocratie*, a.a.O., S. 50.

14 Ich habe diese Überlegung bereits entwickelt in: *La technique et le temps*, Bd. 3, a.a.O., S. 142.

15 Simondon, *L'identification psychique et collective*, a.a.O., S. 15.

16 A. Leroi-Gourhan, *L'homme et la matière*, Paris 1943. Ansätze zu dieser Analyse findet man in: *La technique et le temps*, Bd. 1, a.a.O., S. 64 ff., sowie in: *La technique et le temps*, Bd. 3, a.a.O., S. 139 ff. Der Aneignungsprozeß ist tatsächlich die Konkretisierung dieser Vereinheitlichung des Vielfältigen, die nie zu einer festen Identität, sondern stets zu einem *Prozeß der Identifikation* führt.

17 H. Marcuse, *Triebstruktur und Gesellschaft*, Frankfurt am Main 1977.

18 In diesem Sinne ist jede symbolische Aktivität idiomatisch und jede menschliche Aktivität symbolisch.

19 Ich werde auf diesen Gesichtspunkt zurückkommen in: *Mystagogies. De l'art contemporain*, erscheint bei éditions Galilée, Paris.

20 Vergleiche dazu mein Vorwort zu: *L'individuation psychique et collective*, a.a.O., S. IX.

21 E. Husserl, *Die Krisis der europäischen Wissenschaften und die transzendentale Phänomenologie*, Hamburg 1996, S. 100.

22 Vergleiche insbesondere: B. Stiegler, *De la démocratie participative*. Ich werde auf diese Fragestellung ausführlich in Band 4 von *La technique et le temps* zurückkommen, vor allem, um aufzuzeigen, daß die Stadtgründer – die Nomotheten – zugleich Gesetzgeber und Geometer waren und daß es unmöglich ist, die politische Individuation, die mit den Vorsokratikern begann, unabhängig vom wissenschaftlichen Denken zu denken, welches ebenfalls mit ihnen und aus derselben Bewegung entstanden ist, weil die Schrift die Organologie konstituiert, die dem Gesetz und allen Formen rationalen Wissens gemeinsam ist. Aus diesem Grund konnte Kant (zweifellos zu Unrecht, aber nicht unbegründet) schreiben, daß »man den Anfang der Schreibkunst den Anfang der Welt nennen könnte« (*Über Pädagogik*, Bochum, 1974, S. 33).

23 Wie ich verschiedentlich ausgeführt habe, transformiert sich diese Komposition bereits im organologischen Stadium der schriftlichen Grammatisierung, die um das 7. Jahrhundert v.u.Z. aufkommt, und kann entweder eine Intensivierung des symbolischen Lebens und der assoziierten Milieus erzeugen oder eine Zersetzung dieses Lebens durch die hypomnetische und logographische Dissoziation derselben Milieus. Es ist wesentlich, hier anzumerken, daß der Sophist ursprünglich der *grammatistes* war, das heißt jener, der die hypomnetische Logographie unterrichtete. Es ist ebenfalls anzumerken, daß in den Evangelien die Schreiber regelmäßig durch den Messias beschuldigt werden.

24 Die Dissoziation ist das analytische Moment des Wissens, das allerdings nur insofern ein Wissen ist, als es zugleich ein synthetisches Moment erzeugt.

25 I. Kant/H. Holstein (Hg.), *Über Pädagogik*, Bochum 1974, S. 28.

26 Sie sind in-existent in dem Sinne, daß sie Konstruktionen des Geistes darstellen, die sich nicht in dem wiederfinden, was sie zu denken er-

möglichen, zum Beispiel die Räumlichkeit der Welt. Die Objekte der Vernunft – wie etwa der geometrische Punkt, der nicht existiert, weil er nicht räumlich ist – sind insofern un-endliche Objekte des Wünschens, als sie nicht der Domäne der endlichen Objekte angehören.

27 Vergleiche Kintzler, *Condorcet*, a.a.O.

28 I. Kant, *Kritik der reinen Vernunft*, Hamburg 2003, S. 125 f., 309 f. Vergleiche meine Kommentare in: *La technique et le temps*, Bd. 3, a.a.O., S. 65.

29 *methodeuo* bedeutet »folgt nahebei dem Weg« und stammt von *hodos*, »Weg«, ab.

30 Es entspricht der Eigengesetzlichkeit des Aneignungsprozesses, daß er Einheit mit dem Nicht-Identischen erzeugt. Ich habe diese Überlegung ausgeführt in: *La technique et le temps*, Bd. 3, a.a.O., Kap. 3: *Je et nous, la politique américaine de l'adoption*, S. 127 ff.

31 Zur Frage des *Man* vgl. B. Stiegler, *Aimer, s'aimer, nous aimer. Du 11 septembre au 21 avril*, Galilée 2003, S. 17, 42, 51, 53, 69.

32 Die Herrschaft des *Man* ist die der Entsymbolisierung in den dissoziierten Milieus.

33 Der Begriff bezeichnet hier die Aktivität des Geistes im Hinblick auf eine Analyse.

34 Vgl. B. Stiegler, *La télécratie contre la démocratie*, a.a.O., S. 221, und B. Stiegler, *Le temps des amateurs*, noch nicht erschienen.

35 Vgl. B. Stiegler, *Réenchanter le monde*, a.a.O., S. 40 ff.

36 Damit möchte ich dreierlei sagen: 1. daß die Transformation des instrumentellen Milieus, das das Wissen im allgemeinen stützt, sich nur aufgrund der Erforschung und Konstruktion seiner Objekte, das heißt von Kritik und Verbreitung der Methoden und Resultate, vollziehen kann; 2. daß ihre Objekte nicht mehr nur den regionalen oder fundamentalen Ontologien angehören und nicht einmal der Ontogenese, sondern den Genealogien des *gignesthai*; 3. daß diese hypomnetische Tatsache, die Bachelard als Phänomenotechnik bezeichnet, die zu Beginn dieser Demokratien durch das Erziehungssystem im Kielwasser der allgemeinen Metaphysik verunklärt wurde, im Rahmen einer Ontologie nicht denkbar ist: Sie erfordert ein prozessuales Denken, für welches Simondons Theorie von der Individuation den Ausgangspunkt bilden kann.

37 Vergleiche M. Foucault, »Die Maschen der Macht«, in: *Dits et Ecrits*, a.a.O., S. 225.

5 Therapeutik und Pharmakologie der Aufmerksamkeit

1 Vergleiche B. Stiegler, *Mécréance et discrédit*, Bd. 2, a.a.O., S. 124 ff.
2 K. Hayles, *Hyper and deep attention: the generational devide incognitive modes*, unveröffentlicht.
3 Vergleiche auch J.-P. Changeux, *L'homme neuronal*, Paris 1983, S. 304: »Die Epigenese führt ihre Auswahl über vorgeformte synaptische Verbindungen aus. Lernen bedeutet, die vorgeformten synaptischen Kombinationen zu stabilisieren. Es bedeutet auch, die übrigen zu eliminieren.«
4 Die *deep attention*, die es in verschiedenen Formen gibt, ist weniger eine Haltung der Kon-servierung als eine der Ob-servierung.
5 Ein domestiziertes Tier ist in dieser Hinsicht zweifellos etwas weniger »wachsam«, das heißt weniger scheu und weniger auf der Hut vor Gefahren, die ihm auflauern. Es befindet sich auch deshalb weniger im Aufmerksamkeitsmodus des »Multitasking«, weil es von seinem wichtigsten Freßfeind, dem Menschen, geködert worden ist. Er hat es domestiziert, und umsorgt es in dem Sinne, als er einige seiner »Aufgaben« übernimmt, insbesondere die Vertreibung von Freßfeinden – allerdings nachdem er selbst das Tier gejagt hat, das er schließlich domestiziert hat.
6 Letztendlich hat diese Hyper-Aufmerksamkeit vieles mit der Aufmerksamkeit gemein, die auch von einkanaligen audiovisuellen Objekten beansprucht wird. Jacques Brodeur führt in diesem Zusammenhang aus, daß die zeitgenössischen Filme aus Hollywood mit sehr scharfen Schnitten operieren, um die Aufmerksamkeit unablässig zu beanspruchen und zu stimulieren.
7 Der Prozeß verschafft den Zugang zum Transindividuellen, welches das aufmerkende Bewußtsein nur dann zu empfangen imstande ist, wenn es dieses zurückzugeben vermag (das heißt es individualisiert). Auf diese Weise konstituiert sich eine Anamnese sowie eine Dialektik und letztendlich eine *dianoia*: eine Individuation des Subjekts, das auf dem Weg zur Individuation seines Objekts ist, das Gegenstand seiner Observierung und nicht nur einer Konservierung ist.
8 Vergleiche Elie During, »Logiques de l'exécution: Cage/Gould«, in: *Critique*, Nr. 639-640, August-September 2000. Glenn Gould, *Écrits*, Bd. 1, Paris 1983, S. 52. Eine vergleichbare Zufälligkeit ereig-

net sich, wenn man in eine Buchhandlung geht, um ein Buch zu suchen, und ein anderes findet, das demnach eine geteilte Aufmerksamkeit wachruft: Auch hier gibt es das zufällige Aufmerken, bei dem man häufig unversehens etwas entdeckt. Beim Zapping im Internet gibt es ebenfalls eine Tugend des Zufalls, die es zu erforschen und für die digitale Organologie fruchtbar zu machen gilt.

9 Das Buch, das Barbara Cassin der Grammatisierung der Welt durch Google gewidmet hat (Cassin, *Google-moi*, a.a.O.), entwickelt zwar eine nützliche Kritik der unternehmerischen Ideologie von Google, vernachlässigt aber eine sorgfältige Analyse dieser Aspekte, was die Tragweite ihrer Kritik erheblich einschränkt – die im übrigen eine erstaunlich platonische Reaktion einer Philosophin wiedergibt, die viel dazu beigetragen hat, die Sophistik neu zu bewerten. Aristoteles empfiehlt, die von den Sophisten aufgeworfenen Probleme beim Wort zu nehmen und sie zu Fragen der Logik zu machen: sie also als Fragen der Psychotechnik in noetische Fragen umzuwandeln. So sollte man heutzutage auch mit den Psychotechnologien verfahren – und sich daran erinnern, daß Aristoteles in der Akademie für seinen Rhetorikunterricht berühmt war (vgl. L. Robin, *Platon*, Paris 1968, S. 9).

10 Ebenda.

11 Im Gegensatz zur Ansicht von Wolfgang Iser, *Der Akt des Lesens. Theorie ästhetischer Wirkung*, München 1976.

12 In diese Richtung geht das Buch, das ich zusammen mit Jacques Derrida im Jahre 1996 veröffentlicht habe: *Echographies. De la télévision*. Dieses Buch war zunächst eine Videoaufzeichnung, für die ich eine digitale Edition vorgesehen hatte, wobei das Buch ein Zugangsmodus zu dieser Aufzeichnung sein sollte, die selbst mit Hilfe einer Indizierung durch eine Hypertext-Software Zugang zu anderen Quellen von Derrida verschaffen sollte. Dieses Programm habe ich im *Institut de recherche et d'innovation* des *Centre Pompidou* wiederaufgelegt, wo die Software *Lignes de temps* entwickelt wurde, die die Realisierung dessen ermöglichte, was wir als signierte Lektüren, signierte Betrachtungen und signierte Hörerlebnisse bezeichnen, das heißt als *Objekte einer tiefen, nicht buchförmigen Aufmerksamkeit*. Vergleiche: www.amateur.centrepompidou.fr/pop_site.html.

13 Siehe dazu B. Stiegler, *La télécratie contre la démocratie*, a.a.O., S. 129 ff.

14 B. Stiegler, *Mécréance et discrédit*, Bd. 2, a.a.O., S. 74, 89.

15 Aristoteles, *Metaphysik A*, 980b30.

16 http://www.edupax.org/Assets/divers/documentation/1_articles/
1_067_Autre_Avenue_fin_novembre06.pdf.

17 *Métro*, 5. Juni 2007.

18 Ebenda.

19 Zitiert von Albert Gore, in: *Time Magazine*, 16. Mai 2007.

20 Monsignore Barbarin in einem Interview mit der Tageszeitung *Le Monde*, erschienen am 28. Juni 2006.

21 A. Gore, *Angriff auf die Vernunft*, München 2007.

22 *Métro*, 6. Juni 2007.

23 babyfirsttv.com/fr/parents.

6 Ökonomie und Kognition der Aufmerksamkeit oder
die Verwechslung von Aufmerksamkeit und Retention

1 Vergleiche B. Stiegler, *Mécréance et discrédit*, Bd. 2, a.a.O., S. 124 ff. Dort wird dieses Thema als ein besonderer Fall des Prozesses der Desaffizierung und Desaffektation durch kognitive sowie affektive Sättigung behandelt.

2 N. Gasmi / G. Grolleau, *Economie de l'information versus Economie de l'attention? Une application aux labels agroalimentaires*, http://gissyal.agropolis.fr/Syal2002/FR/Atelier%202/ Gasmi%20%20Grolleau.pdf.

3 Der Artikel von Gasmi und Grolleau endet mit folgender Bemerkung: »Dieser Beitrag ist auch ein Argument für eine Annäherung von Kognitionswissenschaften, Wirtschaft und Marketing, die einen pluridisziplinären Zugriff auf Wahlvorgänge in Realsituationen ermöglicht.«

4 Ich entnehme diesen Begriff der Terminologie von Umberto Maturana und Francisco Varela.

5 Vergleiche B. Stiegler, *Mécréance et discrédit*, Bd. 1, a.a.O., S. 116, 187 ff.

6 Zu diesem Thema vgl. B. Stiegler, *Aimer, s'aimer, nous aimer*, Paris 2003, S. 64 ff.; *Philosopher par accident*, a.a.O., S. 48 ff.; *De la misère symbolique*, Bd. 1, a.a.O., S. 134.

7 Dany-Robert Dufour betont diesen Punkt in: *On n'achève bien les hommes*, Paris 2005.

8 Ein Beispiel für eine transduktive Beziehung ist die strukturelle Koppelung.

9 In dem Sinne, in dem Heidegger zufolge die Wissenschaft dessen, was er als Gestell bezeichnet, die Kybernetik ist.

10 Zitiert von Hubert Guilaud in: *S'intéresser à l'attention*, http://www.internetactu.net/?p=6892.

11 Die »Ökonomie der Aufmerksamkeit« ist das neue Betätigungsfeld der Kognitionswissenschaften, die auf Management und Marketing angewendet werden – und zwar nach den Technologien der Motivation, die, wie ich in *Constituer l'Europe* (Bd. 1, a.a.O., S. 100) zu zeigen versuche, zu einer verbreiteten Demotivierung geführt haben.

12 Guilaud in: *S'intéresser à l'attention*, a.a.O.

13 Ich benutze diesen Begriff im Sinne der kognitiven Konnektivitätstheorien.

14 H. Guilaud, *S'intéresser à l'attention*, a.a.O.

15 Die Kognitionswissenschaften und die künstliche Intelligenz modellieren die Aufmerksamkeit auch durch Roboter, die nur das erkennen können, was in ihrem Nervensystem bereits vor-geschaltet ist. Es handelt sich hierbei um ein Modell, das zu jeder Form der Reorganisation seiner synaptischen Schaltkreise unfähig ist und dessen Leistung weit unter den Leistungen eines sein Rudel bewachenden Hirsches zu liegen scheint. »Die Bedeutung der Mechanismen, die die Aufmerksamkeit des Roboters steuern, erscheint hier in sehr augenfälliger Weise. Wenn der Roboter auf ›angeborene‹ Weise von der roten Farbe angezogen wird, ist es beispielsweise sehr einfach, ihm die Namen bestimmter roter Objekte beizubringen. Entzieht man den Aufmerksamkeitsmechanismen der Maschine diese Vorbedingung, so wird es weitaus komplizierter, mit ihr zu interagieren« (Frédéric Kaplan, *Propos recueillis par Jean-Paul Baquiast et Christophe Jacquemin pour Automates intelligents*, http://www.automatesintelligents.com/interviews/2004/juil/kaplan.html).

16 In: *Constituer l'Europe*, Bd. 2, a.a.O., S. 100.

17 Vergleiche *L'individu et sa genèse physico-biologique*, ebd., S. 42 ff. Diese Überlegungen bedeuten, daß die Beziehung zwischen der

Aufmerksamkeit als Bewußtseinsstrom und dem Objekt der Aufmerksamkeit, das diesen Strom bindet, transduktiv ist und daß das eine dem anderen nicht vorausgeht: Das eine konstituiert sich im anderen. Dies unterscheidet das Objekt vom Ding: Das Ding liegt außerhalb der Aufmerksamkeit des Bewußtseins, nicht jedoch das Objekt, das nur für ein Subjekt eines sein kann. Was die Beziehung zwischen den beiden betrifft, so bildet sie eine Welt, die diese Beziehung übersteigt (und in der es diese Dinge gibt), die jedoch selbst organologisch verfaßt ist – unter anderem als symbolischer Speicher in Gestalt tertiärer Retentionen – und als solche das Milieu oder Element dieser Beziehung und seine präindividuelle Grundlage bildet. Anders gesagt, kehre ich hier nicht zurück zur Metaphysik des Subjekts: Ich überdenke das Subjekt im Sinne der Individuation – weil die Beziehung zwischen der Aufmerksamkeit und ihrem Objekt dem Verlauf der Individuation genauestens entspricht. Dabei zeichnet sie sich als Bildung von Kreisläufen der Transindividuation ab, weil sich diese »psychische« Aufmerksamkeit nur dann wirklich entwickeln kann, wenn sie kollektiv wird und insofern an der Transindividuation selbst teilnimmt.

18 Wie die Ressourcen von J. Rifkin, *Access. Das Verschwinden des Eigentums*, Frankfurt am Main 2000, S. 183.

19 Changeux, *L'homme neuronal*, a.a.O., S. 301.

20 Kreisläufe, die durch diskursive Praktiken angebahnt werden, welche Foucault in seiner *Archäologie des Wissens* beschreibt.

21 E. Husserl, »Der Ursprung der Geometrie«, in: E. Husserl, *Die Krisis der europäischen Wissenschaften und die transzendentale Phänomenologie*, Husserliana, Bd. 6, hg. v. Walter Biemel, 2. Aufl., Den Haag 1976, S. 365-386.

22 Zu den kollektiven sekundären Retentionen vergleiche B. Stiegler, *Mécréance et discrédit*, Bd. 2, a.a.O.

Inhalt